# 读懂青春期

## 走进孩子内心的七堂课

曾树蓉 著

中国纺织出版社有限公司

## 图书在版编目（CIP）数据

读懂青春期：走进孩子内心的七堂课/曾树蓉著．－－北京：中国纺织出版社有限公司，2024.5
ISBN 978-7-5229-1601-9

Ⅰ．①读… Ⅱ．①曾… Ⅲ．①青春期—家庭教育 Ⅳ．①G782

中国国家版本馆CIP数据核字（2024）第066966号

责任编辑：李凤琴　　责任校对：高　涵　　责任印制：储志伟

中国纺织出版社有限公司出版发行
地址：北京市朝阳区百子湾东里A407号楼　邮政编码：100124
销售电话：010—67004422　传真：010—87155801
http://www.c-textilep.com
中国纺织出版社天猫旗舰店
官方微博 http://weibo.com/2119887771
北京华联印刷有限公司印刷　各地新华书店经销
2024年5月第1版第1次印刷
开本：880×1230　1/32　印张：6.5
字数：108千字　定价：58.00元

凡购本书，如有缺页、倒页、脱页，由本社图书营销中心调换

# 序言
## 让我们一起读懂青春期

我是一名从事青春期家庭系统咨询的心理咨询师，已经在这个领域工作了整整10年，总计超过12000个小时的咨询时长，可以说这10年里，大部分时间我都在为家庭提供咨询支持。此外，还进行了300多场家庭教育和心理教育的讲座，平均每年有30场。

在最初的3年里，我专注于为6~18岁孩子提供咨询服务。当时的我刚刚起步，在四川成都一个人拼搏，没有成家立业，所以格外有干劲。

每周五，有七八个10~15岁的孩子从学校回来住在我家，周日再返回学校。我发现，这个年龄段的孩子常常面临一系列问题，例如，好动多动、磨蹭拖拉、厌学、沉迷于机游戏、人际关系冲突、亲子关系紊乱、拒绝沟通等，而这些问题往往可以追溯到幼儿时期。

为了更全面了解孩子们的成长过程以及青春期问题的根源和心理发展逻辑，接下来的3年里，我创办了幼儿艺术机构和儿童之家，每天与0~6岁的孩子们共度时光并对他们的家庭进行指导。通过这样的实践，我深入了解了孩子们的成长过程，以及在青春期形成的问题和挑战。

随着幼儿课题的完成,我正式进入青春期孩子的家庭咨询领域。时至今日,我已经指导超过1000个家庭,还有超过10万名家长参加了我的讲座。

而我,也用陪伴式逐个剖析解决问题的方法,协助了很多青春期孩子找到每个人的内动力。

比如,有一个13岁的男孩沉迷游戏,每天玩12小时。妈妈尝试了各种管理方法,限制游戏时间、抢手机、断网,甚至砸手机,但每次都引发他的情绪失控,打砸、站在22楼想往下跳、掐妈妈脖子让她去死。我们辅导家庭时,读懂孩子,走进孩子内心世界,让他回归学校,修复母子关系,调动爸爸的参与和爱的行动。

大家可以看到,方法说起来就是:**走进孩子内心世界**,了解他为什么厌学和沉迷网络,再包容理解孩子,让孩子喜欢和信任我们,建立连接之后引导孩子走出沉迷的困境。而做起来却是,我们用了一年多的时间才真正突破。

比如,有一个15岁的男孩,与老师产生严重冲突,他见过许多心理咨询师,咨询师们认为他有强烈的攻击倾向,建议送他进封闭式医院治疗。他们一家辗转找到我,我协助读懂他,走进他的内心世界。他逐渐平复情绪,重新投入学业,与父母重建沟通，逐步找到了人生目标，重新找回了快乐。

建立连接的方法是，**从孩子的兴趣爱好着手**，跟他的思维保持同频，再来认可他的想法，逐渐协助他找到解决问题的方法，每一个方法都试一试，直到他从问题中突破。

比如，另一个家庭的父母只要一说话，14岁的儿子就让他们闭嘴，家庭气氛紧张，甚至发生冲突。当我们读懂了孩子，走进他的内心世界，父母与孩子建立了沟通，关系得以修复，孩子也变得情绪更稳定。

重新保持亲子连接的方法是，我们指导老师作为家庭桥梁，了解孩子的心声，找到父母在家庭教育中的问题点，一个一个击破，当父母读懂了孩子，往往问题就不再是问题。

因此，这本书，其实是众多将孩子心理健康放于首位的家长邀请我写成的。他们希望能从中获取有效的家庭教育方法，找到更多合理的解决问题的办法，更好地理解自己的孩子。

我在这本书中划分了七个最常见、最需要关注的青春期问题，包括沟通、情绪、人际关系、学习内驱力、心理健康、网瘾以及生命教育。

沟通是解决一切问题的基础，情绪稳定是促进关系的桥梁，而这两点也是导致青春期孩子人际关系冲突、学习内驱力不足、患上心理疾病和网瘾的原因，探索清楚这些部分，我们就能跟家长共同升华我们的生命意义。

曾经有家长问我:"曾老师,你怎么会走进青春期家庭教育事业里?"我回答道:"我希望每一个青春期的孩子,在遇到能理解他们的老师时,都能珍惜生命、热爱生命、绽放生命。"

而我之所以深陷家庭教育,源自2012年,我亲爱的弟弟在广东珠海严重抑郁。经过1个多月的抢救,我们才挽回了他的生命。

为了陪伴他走出抑郁的阴霾,我深入教育行业一线,边学习、边实践、边运用、边调整。整整8年的时间,我陪伴他心理状况变好,重新找回生命的意义。

他学会珍爱生命,是一个奇迹;他从重度抑郁到现在的开朗、爱笑、健谈,更是一个奇迹。

**用生命,影响生命!**

在指导各个家庭时,我以过来人的身份引导他们,用专业的方法帮助他们,既是朋友又是老师,既是教练又是方向盘。

在踏入这一行业之前,我就知道这是个需要多年积淀的行业,既要有专业知识,又要有实践经验,二者缺一不可。我所能做的就是竭尽所能,帮助更多的家庭,让他们不再等到孩子失去生命才追悔莫及。

《2022年青少年心理健康状况调查报告》显示:约14.8%

的青少年存在不同程度的抑郁风险，其中4.0%的青少年属于重度抑郁风险群体，10.8%的青少年属于轻度抑郁风险群体，相比2020年的抑郁风险检出率（19.0%）有所下降（图1）。

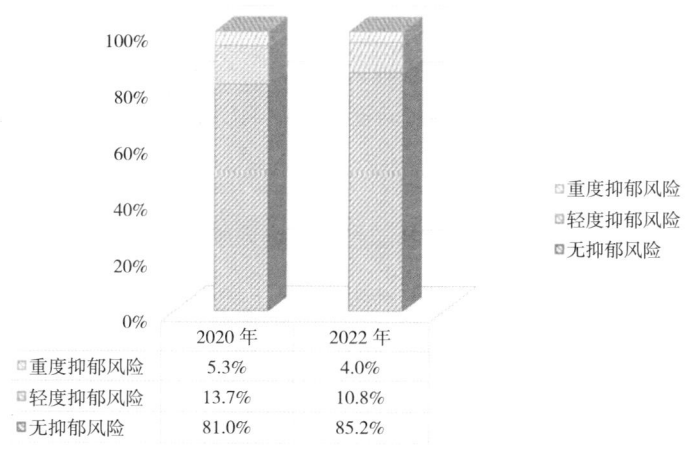

图1　青少年心理健康状况调查

在我多次进入学校举办讲座和心理危机干预时，深切感受到青少年的心理健康问题亟待家校社三方共同关注。但我也理解，家长们往往希望读懂自己的孩子，却面临实力不足的难点。

在过去的10年里，我指导的每个家庭都经历了三个阶段：

第一阶段是积极改变阶段。当家长们充满希望地寻求咨询指导时，改变的内驱力最强，效果通常最佳。

第二阶段是孩子稍有好转阶段。这时候家长会被打回原形，不断给孩子提要求，孩子则会因为痛苦选择退缩，这时我们就会无条件站在孩子一方，平衡家长的要求，把"飘"起来的家长拽下"神坛"，重新出发。

第三阶段是平稳上升阶段。家庭找回了本来的内动力，关系重新连接，家庭的活力重新被找回来。

结合上述情况，我在书中会呈现更多的案例，让大家找到共鸣。我会从多个维度分析，帮助大家理解孩子的心理逻辑，提供一些方法和建议，让大家逐步深入了解孩子的内心。

**让我们一起读懂青春期孩子，共同创造一个温暖、理解、支持的青春期成长环境！**

曾树蓉

2024 年 2 月

于成都

# 目录

## 第一章
## 亲子沟通：
## 请站在青春期孩子的角度

孩子拒绝沟通，请按下暂停键　－　003

当孩子有情绪时，请耐心等等，倾听共情　－　009

当父母有情绪时，不指责、不伤害　－　016

"十大雷点"与"十大良方"　－　022

## 第二章
## 情绪管理：
## 别和青春期孩子较劲

读懂青春期孩子的情绪　－　033

孩子像定时炸弹，家长是"拆弹"专家　－　039

"多做饭，少说话"，帮助孩子平复情绪 － 045

发脾气后，如何修复破裂的亲子关系 － 050

## 第三章
## 人际关系：
## 青春期孩子更在乎与同伴的关系

为何孩子会把人际关系处理得很糟 － 057

学会舒缓情绪，让孩子得到释放 － 063

找到修复人际关系的突破口 － 068

父母的人际关系交往类型对孩子的影响 － 073

## 第四章
## 学习内驱力：
## 从"要我学"转变为"我要学"

孩子厌学的九大原因 － 079

休学不是一场灾难，而是一次机遇 － 090

孩子有厌学情绪怎么办才好 － 096

家庭教育的最高境界，唤醒孩子的内驱力 － 101

**第五章**

心理健康：
青春期孩子心理疾病高发，预防大于治疗

孩子常见的心理疾病类型　　－　109
孩子心理疾病频发怎么办　　－　115
比起孩子，家长更需要改变　　－　123
梳理这五大关系，孩子会好起来　　－　130

**第六章**

"网瘾少年"：
孩子沉迷手机，家长何去何从

孩子沉迷手机，家长怎么办　　－　140
手机里到底有什么，让孩子无法自拔　　－　146
消除"他控"，才有"自控"　　－　152
正常使用、过度使用、成瘾状态之间有界限　　－　158
父母"到位"，手机才能"退位"　　－　163

**第七章**

# 生命教育：
# 与孩子一起发现生命中的美好

生命的意义是活出来的　　－　172

给孩子最好的托举，莫过于热爱生命和陪伴　　－　179

孩子扛不住了，家长一定要做这件事　　－　185

每一个生命都值得被看见　　－　190

致家长：期待生命绽放　　－　194

[第一章]

# 亲子沟通:
# 请站在青春期孩子的角度

在我 10 年的青春期家庭咨询过程中，遇到的第一个问题即：**孩子跟家长不沟通**。父母也总是很奇怪，自己已经小心翼翼，诚惶诚恐，特别照顾孩子的情绪了，为什么孩子却保持沉默，不想沟通交流。

这一章，我将从为什么青春期孩子不沟通入手，带领大家分析孩子不沟通的原因，父母沟通方式中需要进步的地方，以及给大家一些很好用的沟通方法，协助大家用沟通来处理青春期孩子成长中遇到的问题。

## ◆ 孩子拒绝沟通,请按下暂停键

青春期孩子不沟通,有很多种表现,这些表现之下,藏着孩子们内心真实的想法,我在 10 年的家庭系统咨询中,会提出以下几种关于沟通的情况供家长选择。

您的青春期孩子有以下哪些情况(多选):

A. 每天都关在房间里不跟家人交流

B. 交流的时候一个观点不对他就炸毛

C. 沟通的时候只有家长在说,孩子持续保持沉默

D. 跟父母不交谈任何话题,却跟同学聊得火热

E. 沟通的时候特别急切地要求必须、马上完成他提的条件

F. 跟身边的老人长辈沟通时没礼貌

G. 沟通的时候耳朵里塞着耳塞

每一位家长,看到这 7 个选项,惊呼:全中!

不知道正在阅读的你,是否也是全中?别担心,你不是独

一无二的全中选手，那我们是不是很好奇，为什么青春期的孩子不跟我们沟通呢？

且看我跟一位青春期孩子的如下对话：

———

我：妈妈昨天跟我说，你悄悄躲在被子里哭，怎么了呀？

孩子：唉！很奇葩你知道吗，我爸让我下楼运动，我不想动，他就拍我脑门儿，我只差揭竿而起了，结果……我干不过他，就进房间呜呜地哭。

我：如果我是你，委屈死了，我只是不想下楼，你干啥要这样动手。

孩子：最恼火的是我妈，她看到我在哭，就一直跟在我后面说，你怎么了呀？为什么哭呀？谁惹你了呀？刚才还好好的……我的情绪就更难了，我不得不躲进被子里继续……

我：哎哟，好崩溃哟，已经很难过了，还碎碎念。

孩子：是啊，我好容易哭过了，她又跑过来跟我说，你跟妈妈是朋友啊，我们要无话不谈，你跟我说说，你怎么了？刚才为什么哭啊？我的情绪真的又炸了，继续哭，我明明不想哭的。

我：还有然后吗？

孩子：十一点睡觉，十一点半差不多刚睡着，我妈又进我房间问我，你睡着了吗？在没有经过我同意的情况下，她睡我床上说来陪我，又开始说，每个人都会不开心，难过了要找朋友倾诉，妈妈是你最好的朋友。曾老师，您知道吗，我太难了！

我：要是我，我也难啊，有情绪了还不能有个处理自己情绪的空间，后面还要跟个人碎碎念。

孩子：他们对"朋友"这个词语恐怕有误解，所有人的朋友都知道，哭了，那肯定是安慰嘛。

……

我们家长常常好奇，为什么我的孩子有情绪、有心事、不开心，于是乎就开启了碎碎念的模式，一直跟在孩子后面提问，把自己毕生所学的家庭教育方法都在孩子身上尝试一遍，刨根究底要知道为什么，得不到答案的时候，自己变得更加焦虑。

我常说，**孩子不沟通，那是因为我们的沟通时机没有选对，沟通方法没有用对。**

孩子们并不想做一个没有情绪出口的孩子，一如上面这个案例里的孩子，他们也期待倾诉，但是在有情绪的当下，他们只想要我们安慰他一句，拥抱他一下，给他足够的空间让自己的情绪平复下来。

各位家长会发现，孩子们很通透，父母越是追着想沟通，他们越是像看戏，任凭你上蹿下跳，他冷眼旁观，更无动于衷。而家长自己就会觉得要读懂自己这个孩子，太难了，小时候什么话都说，现在却是很难撬开孩子的"金口玉言"。

亲子沟通达到冰点，家长感觉失望的同时，孩子也会感觉难过。对于青春期的孩子而言，并不是示弱就一定能得到回应，也并不是语气温和就一定能得到理解。

我们要积极暂停，最应该做的就是，先理解孩子不沟通的真正原因（表1）。

表1　孩子的表现与内心世界

| 孩子的表现 | 孩子真实的内心世界 |
| --- | --- |
| 每天都关在房间里，不跟家人交流；交流的时候一个观点不对他就炸毛 | 1. 我的朋友都在游戏中，沉浸在虚拟网络的世界里，请你们不要打扰我<br>2. 每次与你们交流，最终都以讲道理为主，当我想要倾诉的时候，你们不愿倾听，当我不再想说时，你们却总是要求我说出来<br>3. 只有在我发脾气的时候，你们才不会把你们的观点强加给我 |

续表

| 孩子的表现 | 孩子真实的内心世界 |
| --- | --- |
| 沟通的时候只有家长在说，孩子持续保持沉默 | 1. 既然你如此喜欢打断我的发言，那就给你时间自己说个够<br>2. 我对你的观点和看法并不认同<br>3. 我没兴趣与你们继续沟通，所以请你们快点说完，这样我可以快速回到我的卧室 |
| 跟父母不交谈任何话题却跟同学聊得火热 | 1. 我非常渴望与同龄人建立友谊关系，每天交流<br>2. 只有和同龄的朋友在一起，我才感到有人能够真正理解我内心的想法<br>3. 对于爸爸妈妈的观点，我实在无法理解 |
| 沟通的时候特别急切地要求必须、马上完成他提的条件 | 1. 以往你们很少能够满足我一些需求，或者你们认为已经满足了，但实际上并不是我真正想要的<br>2. 我越表现得急躁和无法控制自己的情绪，我就更容易得到我想要的东西<br>3. 你们为什么就不能理解我在说什么呢？我提出的需求一定是我当下特别需要的，否则我为什么要与你们开口呢 |
| 跟身边的老人、长辈沟通时没礼貌 | 1. 长辈常常啰唆又唠叨，我很难专心聆听他们说话，这并不意味着我不孝顺，只是你们很容易给我贴上不孝顺的标签<br>2. 长辈经常给我很多评价，但每个评价都带有负面的标签，好像我就是个坏人一样<br>3. 长辈对你们也不总是友好的，所以我为什么要对他们好好说话呢 |

续表

| 孩子的表现 | 孩子真实的内心世界 |
| --- | --- |
| 沟通的时候耳朵里塞着耳塞 | 1. 我的内心已经充满了悲伤，但你们却无法察觉，反而认为我没有礼貌<br>2. 你每天不停地唠叨，我真的感到非常烦躁，但如果我不听你的话，你又会升级为指责和批评<br>3. 在此刻，我不想进行沟通，你能理解吗 |

如果孩子对家长的沟通不接受，那一定是家长选择了不合适的时机；如果孩子就像是一颗时刻准备爆炸的炸弹，那一定是家长并不了解孩子的内心想法；如果孩子对家长感到厌烦，那一定是家长碎碎念真的很烦。

真正的沟通并不是自说自话，更不是单方面的输出，而是你问我答、我说你听的温暖互动过程。

如果时机不对，我们需要停下来，等待合适的时机到来。当孩子情绪爆发时，也请家长停下来，等待孩子平静下来。如果孩子嫌弃家长烦人，同样请家长停下来，闭上嘴巴，等待合适的时机。

暂停，其实是为了更好地开启下一次的有效沟通。

小贴士：在孩子不愿意沟通的时刻，按下暂停键，耐心等待合适的时机再次开启沟通。

## ◆ 当孩子有情绪时,请耐心等等,倾听共情

有一次我在朋友圈发了一段视频:

——

一个12岁的女孩子,哭着跟妈妈说,我就算错了又怎么样?

妈妈说,你好意思,犯了错难道我不应该说你吗?你看看这是什么认错态度?

孩子哭得更加崩溃,我错了又怎么样?难道我还要跪下来给你道歉吗?

妈妈说,你再给我凶,试试看我怎么收拾你。

——

整个画面里,满满都是孩子抽泣的声音,我写的感想是:你小时候有没有难过到不能呼吸呢?我们每个人都有小时候,犯错的时候,本身很害怕,还要一遍一遍被要求认错,这时候的情绪是真的糟糕透了,对吧?

很多家长在我的朋友圈下面留言,我筛选几条给大家

看看：

（1）孩子都哭成这个样子了嘛，就停下来吧！

（2）我小时候有一次被爸爸要求像这样认错，我真的难过到没办法说话，唉，那时候的人是因为不懂，现在的人呢？是延续还是什么？曾老师您觉得呢？

（3）这个孩子声音也太大了，完全不像认错，我们家这个有时候也是这样，怎么办？

阅读一本书，100个人有100种看法，观看一个视频，亦是如此。

家长们找到我的时候，我都会让他们原原本本把事情的经过和情况描述给我听，这样我能更懂这个情绪失控的孩子究竟在想什么，分析给家长听完以后，他们往往会用我教给他们的方法，**停下来，等孩子将情绪发泄出来。**

如果一个孩子在家庭这个安全的环境里都没办法发泄自己的情绪，是一件非常可怕的事情。

2018年，一个在我机构学习练字的11岁女孩子情绪失控，她气冲冲地就要往外跑，我一把拦住她，她挣扎得特别厉害。为了她的安全，我将她拖拽到办公室，让一位老师确保门窗都关闭，并且守着门窗。

她情绪特别糟糕，嘴里愤怒地吼着：你放我出去，你再不放开我，我就从楼上跳下去。

我们一起来看看，曾老师究竟怎么缓和孩子情绪，处理好沟通问题的。

———

我：乖孩子，曾老师很爱你，你现在情绪特别不好，我很担心你跑出去出现意外，所以抱住了你。

孩子：我不要你管，你是我的谁，凭什么管我？你们这是个黑心的机构，我再也不要来了。

我：我尊重你的选择，但是我会等你冷静的，真的，我很爱你，看到你生气、愤怒、难过，我心里也不好受。

孩子：你放开我，不然我打你了。

我：我知道你很愤怒，打我也并不是你的本意，我会等你冷静下来，但是如果你真地打我，那我就要抓住你的手脚，我也要确保自己不会受伤呀！

孩子：你怎么这么讨厌，你跟刚才那个拖堂的老师一样讨厌，我讨厌死你们了。

我：原来是因为刚刚的书法老师拖堂了，如果我是你，我也会很愤怒，但是作为机构的管理者，我就要保证我的每个孩子安全，所以我会等你冷静下来。

她撕心裂肺地吼叫：啊……

我：乖，你是安全的，曾老师很爱你，真的只是在等你冷静。

她一下子就开始哭起来：为什么你们大人总是要强迫我做一些不喜欢的事情，而且不会来接我、送我，每天都在忙，我自己却要来受这个罪。

我：乖乖，原来你来学习写字是爸爸妈妈要求你来的呀，他们怎么能这样呢，要是你早早告诉曾老师，我就跟爸爸妈妈说好不勉强送你来上学了。

她听到我这句话，眼泪掉得更加厉害：你们大人都是骗子。

我：乖乖，我知道，一定是爸爸妈妈答应你的事情没有做到而学习书法到了这个阶段又特别枯燥。曾老师来给妈妈说，咱们不上书法了好不好？

孩子：书法是我妈妈要给我报的，她嫌弃我写的字丑，当初说好每天接送我，可是她一直忙，我每天自己回家，一个人做作业、一个人看电视、一个人……空荡荡的房间里只有我一个人。

我：谢谢你告诉我这些，也要谢谢你在这一刻表达你的感受，有些话你不能说，但是我可以啊，我会找个适当的时机跟妈妈好好聊聊，可以吗？

孩子听到这句话，身体逐渐放松下来，抽泣了有半个多小时，随着她的放松，我轻轻地拥抱着她，轻拍她的背，一遍一遍安慰她。

就这样，她的情绪总算逐渐平稳下来，哭过以后她跟我道歉，我笑着告诉她，谢谢她能在情绪平复下来之后跟我说对不起，我必须原谅你。

然后，我给她妈妈打了电话，将她送回家。事后，我单独跟妈妈面对面交流了半天，妈妈开始花时间给女儿更多的陪伴。后来，这个孩子成了我的小迷妹，自己总喜欢放学就跑来我这边待着写作业。

孩子们有时候需要的，不是你给了他多少的金钱和铺好了多长的路，**他们需要的是：陪伴。**

当孩子带着情绪，不想沟通的时候，我们如果能做到以下几个方面，也就能走进孩子内心世界，知道他究竟在想什么了。

**以情绪为"跳板"，接纳孩子的所有状况。** 孩子情绪已经崩溃，这时候如果我们也跟他一样，那场面只会越来越失控。

我们自己把情绪平复下来,当他感受到情绪安全感,他就会把情绪发泄出来,一如中医所言:堵不如疏!

**倾听关键点,气话往往也是实话。**认真地陪孩子待在当下,倾听他语言里所有的愤怒,这是孩子内心最真实的想法,我们如果能抓住他话里面的关键词,不断地共情他,那么孩子会逐渐放松下来。

**给孩子足够的安全感,用爱的语言表达或者拥抱他。**我会一遍一遍表达对孩子的爱,给孩子安全感,无论他是个什么样的孩子,有多糟糕的情绪状态,他依旧是值得被爱的。爱的安全感会让孩子更愿意说出心里话。

**说谢谢,鼓励孩子不断表达内心真实的想法。**当孩子卸下自己的情绪包袱,我们要跟孩子致谢,因为致谢会温暖当下这个不想沟通的孩子,打开他的话匣子。

**不评判孩子的观点,更不评判孩子的行为。**不要指出孩子观点里的对错,这个时候只需要站在他的角度协助他分析和处理问题,重点是,这一次,只沟通当下这一件事。

当孩子带着情绪的时候,家长判断对错,那就是把孩子的沟通大门逐渐关上,如果不知道怎么办,在保证孩子安全的前提下,大家给孩子一点空间也不失为一种好方法。

小贴士：家长在孩子有情绪的时候，在保证孩子安全的前提下，给足孩子发泄情绪的空间，耐心等待，倾听共情，鼓励孩子表达。只有你知道孩子在想什么，才能走进他的内心世界，协助他解决问题！

## ◆ 当父母有情绪时,不指责、不伤害

有一位妈妈跟我说,她情绪十分稳定。

孩子跟我说,曾老师,你就听她吹,她常常叉腰、咬牙切齿地跟我说,她真的没有生气。她只是自以为是的情绪稳定罢了,唉,大人啊,何苦要自欺欺人。

当我在咨询的过程中,将孩子的话原封不动地转述给妈妈听时,她瞬间瞠目结舌。可能从很多父母的角度,并不知道自己用表情、语气和肢体语言表达了自己的情绪,所以,我常常在讲座的时候给大家演示,什么是"怎么说不如怎么做"。

例如,大家跟我一起玩儿个小游戏,请您闭上眼睛,心里默念五遍,不要想红色的大象,睁开眼睛,您想到了什么?

每一次我们在线下讲座的时候,做这个游戏,大家异口同声:红色大象。哪怕有几个不一样的声音也是:正常颜色的大象,红色,其他颜色的大象。

我就跟各位父母讲,我们自己有情绪也是非常正常的,作为一个独立的个体,每天有喜怒哀乐是多么好的一件事,我们自己也要接纳自己的情绪,才能给孩子做好一个情绪示范。

当然，有时候在我的咨询室里，也会有父母自己情绪崩溃的时候，比如我们一起来看一看我跟一位爸爸的聊天。

———

**爸爸**：曾老师，他太不听话了，最近这段时间，我都不敢接电话，只要接起来好像就是老师要请家长去学校，他随时都在打架、闹事，跟同学闹矛盾。

**我**：我感受到您的担忧和害怕，以及被请家长的那种窘迫感，如果我是您，经常被请去学校处理孩子的问题，我也会很崩溃的。

**爸爸**：我怎么生了这么一个孩子，我还是一个比较成功的人嘛，怎么生了这样一个娃娃，我以前还觉得他多乖的，结果现在长大了越来越恼火，我都不知道该怎么办了。

**我**：您有没有问过孩子，他为什么会发生那些冲突？

**爸爸**：每一次，我去学校，喊他说，他都不说，回家之后我问他也不说，就跟闷罐罐一样，我真的太难受了（激动之处，这位爸爸开始流泪）。

**我**：那您的应对方式是什么？

**爸爸**：打也打了，骂也骂了，啥子用都没有。

**我**：您想不想听一听我从孩子那里得到的信息？

这时候的爸爸逐渐平稳了内心的愤怒和情绪，示意我说下去。

我：第一次发生冲突，是因为同学给他起绰号，叫他"小狗"，他不准同学这样叫，跟几个孩子动了手。到老师办公室，几个同学都说是他先动的手，老师问不出所以然来，请您跟妈妈去学校，结束后，你们没有问原因，劈头盖脸给他一顿骂，说他让你们很丢脸，等你们冷静后，却又问孩子，是因为什么？他说，因为大家给他起绰号，你们的处理方式是，告诉他起绰号就要告诉老师，不准动手，反正动手就是不对。

爸爸：男孩子之间出现矛盾很正常，我们小时候也会这样，但是他自己动手了本来就不对。

我：孩子后来不愿意说，这就是根源，因为他需要的是你们协助他解决问题而不是被指责。他孤立无援，情绪就没有办法疏通，长时间压抑自己的情绪，除了导致他越来越脾气大，根本就不能解决问题。比如，他后来有一次打架是因为同学说，你的爸爸也从来不爱你，你就是个"废物"。他不仅要维护自己的尊严，还要维护您作为爸爸的尊严，孩子难不难？

爸爸这时候语气开始软下来：但是曾老师，他还是不应该打架。

我：那您思考，孩子是真地想用打架来解决问题吗？他有没有得到很好的引领和示范怎么处理问题？除了埋怨和指责，您又做了什么？

———

我们可以看见，父母爱孩子毋庸置疑，可是有时候我们会忽略孩子本身的需求，他需要父母协助他解决问题，而不是指责和埋怨。在犯错的当下，孩子的心理状态是：犯错当下失去理智，冷静之后十分害怕，处理问题的时候想有人协助，抛出求助的橄榄枝，失望之后封闭自己的内心。

引导孩子有正确看待事情的"三观"很重要，但是很多父母沉浸在引导之中却忽略了一个十分重要的前提条件，那就是**关系**，我常说：**有关系才有处理，没有关系一切都是空谈。**

在很多讲座现场，当家长听完我的讲座，意识到自己的情绪不稳定，给孩子做不好示范和带领就会问我，我怎么做可以控制自己的情绪？我就从几个维度来给各位家长建议。

**给自己做个情绪"SPA"，静下来之前不沟通。** 每个人缓解情绪的方式不同，成年人常用的是，看一部悲伤的电影狠狠地哭一场、跑步跑到汗流浃背倒头就睡、用30~50次喝下一杯水的方式舒缓情绪、听冥想音乐20~30分钟缓解情绪。

有情绪本身不是问题，处理不好情绪或者带着情绪沟通就会有问题，所以大家要先让自己用一些适合自己的方式静下来再选择沟通。

**看见情绪背后的本质，找准问题的根源。**事情会发生，一定有原因，青春期的孩子有时候懒得解释就会让父母与孩子之间产生很多误会，长期累积下来，孩子不愿说，父母则按照自己理解的那个方向不断误解孩子，直到出现大的亲子矛盾。

刨根究底的过程，是一个安全又包容的过程，我们需要倾听孩子究竟因为什么出现问题，站在孩子的角度理解他所说的事实，听完事情的全貌再来协助孩子分析和处理。

**允许自己有情绪，如果发生情绪，记得及时修复。**对于青春期的孩子来说，他们不喜欢父母唠叨和啰唆，所以有时候会控制不住冲父母吼，父母也常常因此而大发雷霆，发过之后又觉得无比后悔。这时候，请您在情绪舒缓下来之后，跟孩子去修复。

修复的方式有这几种：等情绪过去，带孩子去吃一顿好吃的，一起在吃过之后好好交流；带孩子看一场他喜欢的电影，在电影结束后散步交流；开诚布公地跟孩子表达刚才自己有情绪，原因是什么，现在冷静下来之后想跟他好好聊聊。

这里就会有两种情况发生，一种是孩子也冷静下来，能平静地跟父母交流。另一种是孩子自己情绪还没有过去，不想交流。如果是第二种，父母可以再另外选择时间，不要在当下又因为情绪而跟孩子发生不愉快，我们内心可以给自己一个念头：**我想要的是解决问题，而不是激化矛盾。**

> 小贴士：每个独立的个体都会有情绪的，情绪本身不是问题，处理情绪的方式不当才有问题。父母也要理解自己的情绪，接纳自己的情绪，才能在情绪上给孩子做好示范和引领，在情绪稳下来之后，才能重新与孩子保持沟通和连接。

# ◆ "十大雷点"与"十大良方"

很多父母给我吐槽,与青春期的孩子沟通,那简直比跟领导、同事沟通难了不止 10 倍,比如,不知道哪句话没有说对,孩子就炸了;问 10 句话,只有一句话有回应;说着说着站起来就走,都不管我还有没有在说话。

您有没有遇到跟上面同样的沟通场景呢?

我常常教父母学习鼓励孩子,我会给一些常用的句式,比如,"我看到你……妈妈觉得很高兴""谢谢你……有你真的太好了"等,在学习的过程中,大家会照搬回去用,却还是会用出问题。

比如,有一位高一的妈妈学习了鼓励方式之后,她回家看见孩子在洗自己的鞋子,很高兴地说:"儿子,你太棒了,妈妈看到你居然把自己的鞋子给洗了,妈妈觉得太高兴了。"

如果,您作为一个孩子,听到妈妈这么说,会是开心还是愤怒?在我很多场讲座之中我问过大家这个问题,70% 的家长觉得孩子是会开心和高兴的,有 30% 的家长会觉得孩子是愤怒的。

我问觉得孩子开心的原因是什么？家长们表达：被表扬了啊。

我问觉得孩子愤怒的原因是什么？家长们表达：感觉好像在嘲讽，感觉说话不够真诚，感觉洗鞋子这件事本身是特别常见的事情。

我说，孩子会觉得愤怒。70%的家长保持疑惑的面部表情看着我，觉得不可思议，为什么被表扬和夸赞了还会愤怒呢？

> 我们一起来看看孩子跟我对话的原话：我就知道肯定是曾老师您在教她一些什么，但是她用"居然"这个词语，您不觉得她是在嘲讽我吗？还有洗鞋子这件事从小到大一直是我自己在做，她这么说是什么意思？是她现在才看见我在洗鞋子吗？

这位妈妈当时听完我转述的原话，自己都忍不住笑了，本来想重新跟孩子建立沟通连接的，没有想到弄巧成拙，还让孩子感受不好。

所以，我们一起来看一看父母与青春期孩子的沟通中经常会踩的一些雷点到底有哪些，也要注意学会避开这些坑。

**雷点一：唠叨和啰唆。**

青春期的孩子常说，小时候的唠叨没有问题，我长大了还唠叨就很烦躁。随着孩子长大，我们要跟上他们的脚步，对于唠叨和啰唆，孩子的感受是：烦躁，恨不得快点离开这种氛围，完全不想听。其实，父母忘了一个非常重要的点，论起讲道理，孩子能用万千道理把我们说得服服帖帖，所以唠叨和啰唆并不能解决问题。

**雷点二：翻旧账。**

青春期的父母沟通中用到："你看看你又……""你怎么每次……""我之前就给你说过……"等语句，孩子就会变得烦躁起来，只是因为这时候孩子的感受是：又开始翻旧账了，每次能不能说事儿就说事儿，提那些陈芝麻烂谷子的事情干吗。

**雷点三：讲大道理。**

有一个孩子给了我一个截图，上面是他爸爸跟他的聊天记录，我看见基本是一些文章，比如，《子女对父母最好的孝顺，不是给钱和陪伴……》《青春期是父母的受虐期……》，孩子跟我表达，爸爸经常大半夜给他发这些链接，好像自己有多么不孝顺、不懂事一样，所以常常还没有开口就已经结束了沟通。

**雷点四：拿自己家孩子跟别的孩子对比。**

很多父母表示，我们小时候也经常被拿来对比，那会儿我们虽然会难过，却也会奋发图强，恨不得自己不断超越，现在的孩子们怎么经不起对比了呢？对于当下的青春期孩子来说，你要拿我对比，那我也要拿你跟别的父母对比，关系之中就自带了情绪点，沟通必然无疾而终。

**雷点五：在亲朋好友面前不给孩子留情面。**

很多父母跟我说，孩子不愿意跟他出门去参加亲朋好友的聚会，当我走进孩了们，了解他们的内心想法时，我会得到这样几个结论："每一次他们都要说我的不好，我自己不要面子的吗""总是说我一般般、不行、不能干、懒，我干啥要去""我的成绩在他们那里全部透明，我不想去听他们评价。"话说出去很容易，伤害孩子的心也很容易，但是要修复与孩子沟通的心结就不容易了。

**雷点六：张口闭口都是学习。**

青春期孩子个愿意说话，个愿意表达，这是叮以追溯到整个成长过程的。孩子期待与父母分享人际关系，父母认为不重要；孩子期待与父母分享学校里的点滴，父母认为你只要把学习管好。在孩了进入青春期阶段的时候，能与父母聊的主题越来越少，共同的回忆也越来越少，这种状态也会导致一些孩子出现厌学状态。

**雷点七：打断孩子给建议。**

父母会在上学、放学的路上跟孩子交流学校里的情况，孩子们开始讲述，父母就会打断孩子，经常的表达是："你看，我认为这件事应该这样……""我觉得吧……"这些长篇大论也许并不是孩子需要的，他需要的只是被倾听。

**雷点八：在饭桌上谈话。**

"作为青春期孩子的父母太难了，平时都找不到聊天的机会，只有吃饭的时候好像能问一问、聊一聊。"这是来自父母给曾老师的反馈，而孩子在这件事中的反馈是"每次吃饭就聊天，有时候聊着聊着就开始讲道理，我是真不想跟他们在一桌吃饭"。

**雷点九：家长情绪不稳定。**

"我跟他说，最近学习遇到了一些问题，他就大发雷霆，觉得我不努力还总是给自己找借口。"很多孩子会跟我反馈，父母在沟通的时候情绪不稳定，一个很小的点就忍不住埋怨、责怪或者数落自己，如此一来，孩子也不太愿意表达自己的内心想法。

**雷点十：只安慰，不解决问题。**

"我不想跟他们说话，每一次都要安慰我，但是从来不协助我处理问题，我很无助，你知道吗，那种安慰久而久之，我就觉得有点假。"安慰,对很多父母来说,是很好的一种方式,但是很多孩子是不喜欢父母只安慰自己不解决问题的。

"十大雷点"大家清楚之后,一定会好奇,哪些方法能促进父母与孩子的沟通?

**方法一:耐心倾听与回应。**

在倾听的过程中,我们注视着孩子的眼睛,不打断他,用"嗯""啊""哦"简单的词汇来回应孩子,并且可以描述你站在孩子角度的感受,比如,"如果我是你,我也觉得好崩溃哦""那个人就是不对,你的观点是正确的。"等孩子描述完,问一问孩子,感受好一点了没有,需不需要我们给你建议,以此来确认孩子是否需要协助。

**方法二:选择适当的时机。**

遇到任何事情,我们不要急着跟孩子沟通,而是创造机会与孩子沟通。**有些话在适当的时候说才有用**,这些机会可以是带孩子去吃一顿他喜欢吃的,饭后散步的时候真诚交流;也可以是带孩子去看他喜欢的电影,结束之后边讨论边说。这一份交流是需要花心思的,这样才能让孩子感受到你早就知道了,但是一直没有带着情绪跟他交流,选择适当的时机,交流也会变得愉快。

**方法三：持续给孩子写鼓励条。**

为了调整家长的常规沟通模式，我曾经邀请很多父母给孩子写鼓励条，就像此时此刻，您在 1 分钟内写下孩子的 10 个优点。有的父母抓耳挠腮，有的父母写的是：聪明、善良、积极、阳光、可爱。写完之后，大家自己分享着都会觉得怎么这么言语匮乏。通过这个小小的活动，可以看见大家常常发现的是孩子的缺点而非优点。如果大家能持续写鼓励条，也就能转变自己的潜意识想法，从观察孩子的优点开始。我让家长在每一个优点都加很多细节，常用的方式是，把一个词语扩展为 100 字的小作文，为了扩展这 100 个字，大家肯定都会加满细节。

**方法四：家庭里有红脸有黑脸。**

父母双方在沟通中可以分工，如果一个人吼了孩子或者在沟通的时候生了气，一定要有另一个人站出来给孩子"垫脚"，将孩子带离原地，将孩子当下的情绪疏通之后再进行交流。

**方法五：从孩子的愤怒中复盘。**

当孩子愤怒的时候，大人情绪如果是稳定的，你会听到孩子的心里话，在这些话语中有他最近的情绪点、有他对父母的看法。虽然有的话很是让父母伤心，但是这些感受是孩子真实的感受，一定有大家出现问题的结，一旦找到症结点，有些问题就不攻自破。

**方法六：每次只交流一个问题。**

每当孩子心情好的时候，很多父母总想一次性把自己要表达的都说给孩子听，最后不欢而散。不管孩子心情怎么样，一定只解决当下这一个问题，不要延伸太宽，更不要牵扯到别的事情上面，只协助孩子解决当下这一个问题。

**方法七：不打断，不说教。**

与青春期孩子沟通时，你打断他，他会觉得你不尊重他的观点和想法，刚开始可能还会反驳你，可是久而久之，他就会持续保持沉默，这并不是对你的观点表示认同，而是他懒得说了。听他说完，也许你会收获不一样的惊喜。

**方法八：就事论事，待在当下解决问题。**

这个阶段的孩子最讨厌的就是在谈论这件事时返回到上一件事情里，俗称旧事重提。孩子希望我们就当下这一件事说事儿，这也是为什么很多孩子在父母旧事重提中愤怒离席。

**方法九：求助于外援。**

这里说的外援是专业的外援选手，而不是身边的七大姑八大姨。身边人的观点都不一样，没有办法站在家庭的统筹角度去解决问题，有时候还会因为大家对待这件事的看法不同而让父母产生诸多怀疑，有时候情绪就会变得更大，与自己青春期的孩子沟通时，就会带着情绪沟通，问题不仅没有处理，反而有可能扩大化。

**方法十：保持学习和进步。**

我常常跟父母说，当我们的孩子遇到了问题，或者家庭的亲子关系发生问题，我们应该感谢孩子，是孩子引领我们走上学习之路，开始思考我们究竟如何能跟他重新保持连接和沟通，所以，再一次感谢您打开这本书，开始认真地保持学习！

> 小贴士：沟通，是青春期阶段亲子关系的要点，大家常常困在沟通中无法自拔，而我却说，那是因为大家都想站在自己的角度沟通罢了，**我们要学会，站在青春期孩子的角度，沟通方才有效！**

[第二章]

情绪管理：
别和青春期孩子较劲

我在 10 年的家庭咨询过程中常常会在跟孩子建立了连接之后，被邀请上门"救火"，比如，孩子跟父亲打架打得"难舍难分"；儿子掐妈妈脖子让她去"死"；孩子情绪崩溃站在楼顶想要往下跳；孩子把家里砸得稀碎；一家人扭打在一起闹得孩子情绪崩溃……

情绪，是青春期阶段一个高敏感词汇，因为这个阶段的孩子十分敏感、易怒、情绪起伏很大。很多父母跟我反馈的是，不知道哪句话没有说对他就开始生气，我真的很懵。

所以，在这一章当中，我会像在线下咨询一样，带领大家来解读青春期孩子的情绪，让你们看见一个不一样的孩子的情绪世界，我们也可以看见，孩子所有的情绪来源，往往都跟父母的处理方式息息相关，大家懂得了孩子的情绪，有些问题就会迎刃而解。

### ◆ 读懂青春期孩子的情绪

要读懂青春期孩子的情绪，我们首先得从原因开始寻找，我问过每一位来到我咨询室的家庭，你觉得孩子发脾气的原因是什么？

大家的回答是：

> （1）可能是这个阶段孩子统一会遇到的问题
> 
> （2）莫名其妙，只是不爽吧
> 
> （3）跟我们进行对抗
> 
> （4）看我们做父母的不爽
> 
> （5）是不是抑郁症或者焦虑症发作了
> 
> （6）想得到一些东西，用发脾气来威胁我们
> 
> （7）因为我们当父母的好欺负，不会跟他杠起来

当我跟他们说，孩子情绪起来的很大一部分原因跟你当下的话语、沟通方式、行为做法有关，你信吗？

大家都抱着不可置信的态度，"咦"出声来，在这里，我

想你也许也正在"咦,怎么可能"呢?那就先听我给你讲几个小故事。

故事一:

有一对母女打架打得双方都崩溃大哭,我走进门赶紧把孩子拉进房间,让爸爸去宽慰妈妈。

"怎么啦?哎哟,这么多伤痕,你等我一下。"没有等孩子回应我,我就去问爸爸要来了医药箱,开始轻轻地给她消毒和上药,在这样的举动中,孩子的眼泪哗啦啦就下来了。

我默默地上着药,心疼地说,"心疼死我了,咋能下得去手,气死我了,待会儿我要好好说说她。"

"她也被我薅了,她没讨到好。"

"我先抱抱我乖,没事儿,既然我来了,肯定要给你垫脚啊。"

孩子边流泪边开始跟我说:"她太过分了,我跟同学出去,10分钟一个电话,10分钟一个电话,我不接她还打我朋友那里。回来之后就让我交手机要翻看我的信息,真的是有病吧,在她的眼里我成了什么?我不给,她居然骂我混混,像社会一姐,我真的恨死她了,我不想听她说话,就这么说吧,我真是谢谢她把我带来这个世界上,遇到她这样的瘟神。"

---

故事二：

---

孩子愤怒地在家里转圈圈大吼大叫，我赶忙赶过去，当我安抚了他的情绪之后，和他坐下来，好好交流。

"没关系，你告诉曾老师，我好好问问他们。"

"他们随时都觉得是手机害了我，之前要用他们的身份证给我注册，今天可好，我回来发现登录不了，他们把我的账号修改成了青少年模式，我从高一一直打到现在的，好了，两年多的时间，全部打了水漂，我说了很多次，不要乱给我整，我次次考试考前几名，他们还有啥不能满足的，学习、学习、学习，从来都是学习，他们真正知道我喜欢什么吗？我爱好什么吗？在他们的眼中，为什么要生我，生个学习机器嘛。"

---

故事三：

---

有个孩子在学校里把自己锁在厕所里，全校老师拿他没有办法，妈妈问我怎么办，我说，"你去了之后告诉孩

子，没关系，妈妈来了，妈妈不怪你，我是来协助你解决问题的。等他开了门，你就给他一个拥抱，告诉他，没关系，妈妈很爱你。等孩子说了原因再来处理问题"。

妈妈默念，记下我给的方法，去了之后就这么做，孩子"哇"的一声就开始哭，委屈着跟妈妈说，"那个同学拿了我的文具盒，跟几个同学抛来抛去不给我，我让他还，他不，还冲我竖中指，所以我很生气，我上去就打了他，他跟我扭打到一起，同学们将我们分开，也打了上课铃，我就没有动手了。可是下课后，老师叫我一个人去办公室，每次都是这样，为什么老师都不问我原因，只是从别的同学口中听到说我打人了就叫我过去？"

———

我根据大家的求助，将青春期孩子情绪变得很糟糕的原因解读为这几个大方向，各位父母也可以看一看有没有踩雷。

**第一，父母的表达方式伤害了孩子的自尊心，认为父母不懂自己。**青春期孩子最渴望的是，自己想做什么，父母就能允许做什么，对自己充满了信任，所以任何跟手机这些外在东西相关的影响因素一旦父母将它放在明面上来说，那就一定会让孩子觉得你们不够懂他，那种愤怒、难受、伤心的情绪会瞬间将孩子淹没，加之这个阶段孩子的发育特点，会让孩子的情绪一下子失控。

第二，父母的行为没有尊重孩子，轻易动了孩子的东西。青春期孩子最讨厌父母碰自己的东西、进自己的房间和收拾自己的东西，哪怕他们的房间乱糟糟的，依旧不喜欢父母动他的东西。这个阶段孩子的领地意识增强，开始有自己的小秘密，不想要父母知晓自己内心的真实想法，而父母却又不知道孩子到底在想什么，在这种强烈的反差中，父母因为好奇而去触碰孩子的秘密或者监控孩子的秘密都会得到孩子的反感，进而引起亲子矛盾。

第三，父母在大众面前批评或者打孩子，让孩子觉得失去尊严。青春期孩子十分在乎自己的颜面，在亲朋好友面前评价或者动手打他会让他觉得颜面尽失，孩子的情绪起伏就会很大。

第四，当孩子在外面发生冲突时，父母没有第一时间站在他的角度。青春期孩子很在乎父母对自己的信任以及站在自己的角度解决问题，不管在外面发生了什么，哪怕被老师告状说打架、不做作业等问题，孩子都希望父母平静地跟自己交流原因，并且站在自己的角度去解决问题，这时候孩子会觉得自己有"靠山"、有力量。

第五，在玩游戏或者做其他事情的时候跟孩子反复确认一些事情。青春期孩子专注地跟同学和朋友玩游戏、聊天或者刷短视频的时候，父母不合时宜地想跟孩子交流聊天，孩子一下子炸毛了，父母又会觉得自己只是想确认而已，显得委屈，孩子也懒得解释，从而破坏了亲子关系。

**第六，父母的情绪不够稳定。**只要孩子不听自己说话，父母就会暴跳如雷、指责孩子、情绪崩溃，孩子则在一旁看着父母发脾气，不说话。这种愤怒之下，有些父母自己说话会口不择言，让孩子的情绪一下子失控。

**第七，孩子觉得被冤枉。**我曾经在上孩子们的减压课程时，聊到"冤枉"这个话题，小学一年级到高中三年级的孩子都对这个话题充满了"话语权"，我从他们的口中听到很多被冤枉的例子，比如，父母一直觉得孩子玩手机不写作业、不复习、不看书，看不得孩子有一点空闲的时间。再比如，有了老二之后，父母会莫名地站在小的那边，理由是他还小。当青春期孩子怒目斜视你的时候，一定要思考一下，刚才哪句话可能冤枉了他，及时道歉和修复，才能让孩子从情绪中出来。

小贴士：青春期孩子的情绪一定不是无缘无故和莫名其妙的，我们要试着从刚发生的事情中分析，是否有以上这些原因，更要学会找到刚才沟通中的槽点，及时修复关系，有关系才有情绪的缓和，没有关系一切想处理的情绪，都不会顺其自然地降温。

## ◈ 孩子像定时炸弹，家长是"拆弹"专家

当我们了解了青春期孩子情绪"炸毛"的原因，很多家长说，有时候没有办法及时觉察自己的话语和行为，可能等孩子都生气了好久才想起来可怎么办。我说，这就是意识层面知道了，行动还做不到而已，大家可以按照上一小节里写的原因对照着解读孩子。我们越懂孩子，我们就越知道下一次在哪个部分可以注意。在本小节中，我也会教大家一些方法，让你们能够在当下，在事件后学会接纳、认知和处理孩子的情绪。

就像第一小节里的三个故事，我给不同的故事以不同的处理方式，来协助大家看见：**所有的情绪都不如孩子本身重要。**

**第一小节的第一个故事：**

当孩子与父母的一方发生矛盾和摩擦的时候，另一方可以赶忙分开双方，带着孩子进房间里，认真地共情孩子，跟孩子表达我也觉得妈妈有不对的地方，我拉你进来是不想你受伤害。

孩子可以从我们的真诚中感受到力量，也会认真表达自己

经历了什么，孩子在表达的时候可能会难过到哭泣，这时候不要讲道理，而是轻轻地拥抱孩子，让她哭出来，这是对情绪的"发"，能将情绪发泄出来，孩子才能好受。

接下来跟孩子做一些她喜欢的事情或者找一些她喜欢的话题交流，转移孩子的注意力，等孩子完全平静下来，再给她分析刚才这件事情中妈妈的做法是真的错了，错在哪些地方。在被认可中，孩子才能"疏"，她会把自己的真实想法表达出来，如果没有表达就代表过去一段时间亲子关系破坏得比较厉害，孩子不太容易相信爸爸一定会站在自己这一边。

这时候爸爸就要跟女儿保证，自己可以说服妈妈。到妈妈跟前的时候，先用同样的步骤缓解好妈妈的情绪，再将孩子的真实想法分析给妈妈听，不要刻意去触怒妈妈，然后问她，你今天想达到什么样的教育目的，达到了吗？有没有更好的方式？最后给她分析她的什么行为、什么话让孩子居然会动手。

如果妈妈依旧没有做好准备为自己的行为跟孩子道歉，那就冷静两天，爸爸在中间做和事佬，给女儿空间，照顾好老婆的情绪。如果妈妈也意识到自己这样做会带来不好的后果，可以先由爸爸转达妈妈的意思，再在中间调和，比如，带出去吃个宵夜，来处理沟通。

**第一小节的第二个故事：**

我常常跟父母讲，如果一开始你都默认了用自己的身份证给孩子注册游戏，那就是你本身的监管没有到位，就要承担相应的后果，一旦孩子发现父母相反的操作方式，必然会炸毛，这时候最好还是找专业的人来给孩子的情绪降温。等降下来之后，父母就要看到，这样做不仅没有解决问题，还让彼此的亲子关系破裂了，所以需要静下来，在第三方的见证下，跟孩子道歉，然后想办法补救。

等我们后面写到手机游戏那一章节的时候，我会告诉大家，手机并不是根源，就像这个孩子一样，一直以来都是年级前几名，父母总是在焦虑孩子会因为玩手机而降低名次，这是父母的问题，不是孩子的问题，在孩子能管理，也能在做好自己事情的前提条件下，我们父母本身才是应该缓解自己焦虑的人。

**第一小节的第三个故事：**

当妈妈了解清楚了孩子发生了什么，这时候就一定要让孩子在办公室外面或者教室里等待，妈妈需要跟老师和校方单独交流，不强势却也不软弱，一定要问清楚老师站的角度是什么，为什么单独叫孩子一个人去办公室，并且双方要商量好跟孩子如何表达这件事。

当妈妈站在孩子的角度，他并不会觉得孤立无援，也能更好地跟同学一起面对面处理问题，相互道歉也好，握手言和也罢，最重要的是不在这时候加大对孩子的指责。

我们说到"拆"，那一定是有步骤的，我将处理每个孩子当下情绪和积压情绪的步骤分享给大家，让大家看见，其实孩子们的内心世界中，需要真正能够理解他们的人。

第一步：发。当青春期孩子的情绪一下子崩溃了，只要保证孩子是安全的，不会因为情绪而发生特别过激的自伤行为以及伤及他人的行为，我们都可以让孩子将自己的情绪发出来，他们能够大喊大叫，能够发脾气，能够冲父母愤怒地吼，这并不是坏事，因为在情绪宣泄的过程中，他们才能把情绪垃圾给清理掉。

第二步：平。这里所说的平是指，给孩子足够的时间得到共情和理解，让他的情绪缓缓地平静下来，把控得好，这个时间段大概在2小时，这个阶段里，孩子也许会口不择言，父母切记不要上纲上线又开始讲道理，你要知道，这时候你最想的是让孩子能够平静下来，而不是把矛盾激化开来。

第三步：缓。当孩子的情绪平静下来之后，父母要尝试着用孩子喜欢的话题或者喜欢做的事情将孩子的情绪转移，缓解当下那一刻紧张的氛围和糟糕的情绪状态，不要在这时候着急地开始讲道理，需要做的只有一点，就是百分之百地认可孩子的想法和做法，并且共情他，实在是有观点偏颇的地方也要找一个合适的时机来沟通交流。

第四步：疏。当孩子的沟通状态准备好后，我们就可以开始分析今天的事件本身了，表达作为父母看到的感受以及感受到他的感受是什么，也可以在这种状态下让他吐槽一下他认为过去父母哪些方式是有问题的。这时候的分析不是必须完成的步骤，如果孩子让你离开他的旁边，这时候父母就要给他足够的空间让他自己缓一缓，这也是疏的一步。

第五步：链。我常说，有关系才有一切，所以这时候一定是要修复彼此的关系的。很多父母做不到跟孩子道歉，但是孩子离他们越来越远的时候又焦虑和难受。所以，我们作为成年人，需要很清醒地认识到，我们需要的是孩子与我们关系的和谐，我们才能协助孩子平稳地度过青春期，而不是通过家长的权威把孩子推向外围的人际关系和学校，更不能成为压垮孩子的最后一根稻草。

第六步：和。在这样一次情绪事件中，孩子可能第二天就没事儿了，也可能几天都不理自己。无论孩子怎么做，我们都要在当天晚上或者第二天就开始跟孩子说话，不跟孩子冷战，我们作为父母是孩子的示范者和引领者，没有办法真正跟孩子置气,不要有隔夜仇,最好就让昨天的情绪如云散,我们和平相处,家和万事兴嘛。

**拆解孩子的情绪,最好的工具就是"爱"**。孩子常常会在青春期的时候怀疑父母是否足够爱自己,所以他们会在自己的心目中开始论证从小到大经历的事情,而人的大脑对于过去不好的事情往往记忆会更加深刻。当我们的言语和行为引起孩子的情绪时,孩子脑海中就会跳出来很多小时候的不愉快,他会笃定地相信,父母是不够爱自己的,所以这时候,我们给孩子的爱需要翻3倍,才能让孩子学习到,青春期阶段有情绪是很好的,能发泄也是很好的,只是随着孩子的成长,我们需要找到最适合自己处理情绪的方式。

> 小贴士:有时候,我们之所以要去"拆",那是因为我们认为那是个"炸弹",但也许,孩子的每一次情绪发生,都有可能成为一个"彩蛋",给我们带来成长和惊喜,父母也就不会随时以岌岌可危的模样面对孩子的情绪了,而是拥抱孩子每一次情绪的发生,成为他最好的倾听者和协助者。

## ◆ "多做饭,少说话",帮助孩子平复情绪

说到给青春期孩子的情绪降温,我就会想到很多父母一方面在学习家庭教育,另一方面运用得磕磕绊绊,因为有些父母在这时候按照我们上一节的方法操作之后,把孩子的情绪点燃得更为厉害。

比如,看到孩子情绪好转一点,就忍不住跟孩子讲道理。还比如,在孩子说自己受不了的时候,诅咒孩子不应该来到这个世界。他们会把亲子关系变得更加糟糕,还可能会让孩子的情绪彻底崩溃。

我曾经辅导过这样的孩子,我眼睁睁看着妈妈把她逼迫到精神分裂。孩子状况不是很好,想休学,妈妈带她来见我,只有一个要求,就是希望我说服孩子不要休学。我看见孩子精神恍惚,状态十分不好,我严肃地跟妈妈交流了目前孩子的状况不太适合回到学校的环境中。

第二天一大早妈妈就带女儿去医院做检查,检查出来是重度抑郁和重度焦虑,妈妈说,"这下好了,你也查完了,那我们下午就回去上学吧"。

女儿崩溃地在医院大厅里哭,"为什么我都这样了,你还念着学习"。妈妈说,"你已经请了一周的假了,这周不去你就听不懂了,欠账就越来越多,你听不懂就跟不上进度,眼看着还有一年多就高考了,你还这么小,如果你不上学你能干什么,病咱们慢慢治,但是不高考,你这辈子就完了"。

孩子蹲在地上惊声尖叫,一直叫了半个多小时,医生强烈要求妈妈带孩子住院的信号这时候才被妈妈听进去。可是,从这一天开始,孩子精神状态时好时坏,坏的时候会把自己浑身都画满颜色,临床观察被诊断为精神分裂阴性。

我在写到这个案例的时候,又一次坚定我的决心,那就是**我们都要站在青春期孩子的那边,读懂我们的孩子**,至少可以不必发生很多类似的悲剧,因为有些事情我们可以挽回,而有些事情却是没有办法挽回的。

那很多家长就会问我了,为什么咱们这一小节的题目是**"多做饭,少说话"**?

因为,当我们的孩子发生了很大的情绪波动后,大概率是不想理父母的,这时候你说什么他都会觉得很烦,让你走开,不想和你说话。

我理解很多父母的不易,孩子长大了,却到这个状态,孩子恶语相加,父母往往最先崩溃。这时候,我不得不提醒父母，需要关注的是你自己的情绪和心理状态，因为孩子会有这么大的情绪背后一定隐藏着大人的情绪，如果我们意识不到这一点，就会觉得孩子不懂事、不听话、不孝顺。

当孩子想要静一静，而你自己又没有做好怎么跟他修复关系的时候，不妨每一天给孩子做他喜欢的饭菜，让孩子感受你关心他的温度，试试看能不能在饭桌上共进晚餐，多做几次，孩子也就知道了你在想要修复关系，再强硬的心，在这种无微不至的关心之下，也会逐渐松动。

在大家这么做的时候，孩子可能有的心理状态是：

（1）真有毛病，昨天搞得我有情绪的是你，今天轻言细语的也是你，你的这种情绪不稳定会让我很害怕的。

（2）你是不是又听哪位专家的课了？怎么感觉被洗脑了一样，你还是正常一点对待我吧。

（3）不知道有什么大招在等着我呢？

（4）真的太假了，发脾气的时候是一个样子，现在这装模作样的又想怎样？

如果孩子是这样的心理，代表父母过去跟孩子之间的信任基本快磨灭了，就需要父母有10倍的耐心来修复与孩子之间的关系。

> （1）唉，其实我也有错，我为啥要那么发脾气，但是我好纠结，我拉不下脸来道歉啊。
>
> （2）算了算了，看在我喜欢吃的份儿上，我不计较了，但是一定不轻易说话，不然他下一次还会这么干。
>
> （3）如果还有下一次，我一定不原谅，这一次就算了吧。

如果孩子是这样的心理，代表孩子开始在内心原谅父母的说话方式和行为了，那我们就要格外注意不再用不当的方式来引起孩子的反感和情绪。

我辅导的每一个家庭，当父母是真地开始无条件地爱孩子，开始修复与孩子之间的关系时，孩子的改变特别快，也会用自己的真实行动重新去寻找自己的人生理想和目标。而当父母自己都放不下脸面，嘴上说要修复关系，行动上却是另一个模样，那么孩子的情绪一定会持续平复不下来。

我们大脑中的前额叶管理着喜怒哀乐，这个部位在青春期阶段会高速发育，如果孩子长期处于伤心难过、情绪低落或者焦虑的状态之中，对于他们的心理健康而言是存在很大的隐患的。

> 小贴士：父母常常不懂孩子为什么会哭诉"你们根本不懂我"这件事，因为在他们看来，自己把最好的爱给孩子，把自我能力范围内最好的物质给孩子，为什么孩子会觉得懂他更重要。其实，情绪发生本身，就是一个提醒我们需要注意彼此相处模式的信号，找到信号源，给够空间和时间，一定可以修复关系。

## ◆ 发脾气后，如何修复破裂的亲子关系

我在 10 年间，见过了太多的父母发脾气都是毁灭性的，损伤与孩子之间的关系不说，总是以为情绪过了说一句不好意思或者说一句我们都是为你好，孩子就能够全盘买单。

其实不然，当父母冲青春期的孩子发脾气，刚开始可能还能收获孩子的认错和哭泣，逐渐地就会收获孩子的反抗和以同样的方式发脾气。**当孩子认为自己终于有力量能够反抗父母，他的情绪化之路就会一发不可收拾。**

"曾老师，我们家孩子都不跟我们沟通，只要我们跟他说话，就叫我们出去，有时候还没有开口就被骂让出去，我们都不知道哪里得罪他了。"这是一位母亲带孩子来我咨询室之前跟我通的电话，孩子来了之后，我跟他沟通，走进他的内心世界之后，我说，"从你从小到大的经历里，我看见其实你并不是个脾气起伏很大的孩子，最近怎么就那么容易生气呢？"

———

"呵呵呵，这一切还不得感谢我那可爱的爸妈，不说远了，就说我上初中之后就发了好几次脾气，每一次他都

说我,你个废物,你怎么不去死,我上辈子做了什么孽要生你这么个丧门星……"孩子的眼泪在这里忍不住地掉,我轻轻握住他的手,"乖,这是大人的问题,不是你的错,你也不像他们说得那么不堪。"

"是吧!你也觉得吧!我凭什么要一直被他们乱骂,每一次我爸骂我、打我,我妈都在旁边帮腔,还觉得他说得对,真是哪里来的自信,觉得自己哪哪儿都好的?"

我问,"他们事后有没有给你道歉?"

"呵呵呵,他们哪里会道歉啊,甚至会断崖式地忘记昨天发生了什么,以为给我转点零花钱,买点我喜欢的游戏皮肤就过去了,那我现在不过是用他们的方式来对待他们罢了,一个两个就要死要活的,做给谁看啊?"

---

我常说,一定要见到孩子我才能判断,因为大部分时候,父母描述的情况跟孩子描述的情况是完全不一样的,这大概是彼此的立场不同,也大概是父母没有专业的技能去发现自己在什么情况之下让孩子难过和伤心,破坏了彼此的亲子关系。

父母跟我描述,自己会生气,会发脾气,不外乎是因为这些原因。

（1）反复跟孩子说都不听，把自己关在房间里沉默对待。

（2）孩子一直拿着手机，怎么说都不放下。

（3）跟孩子沟通就嗯嗯啊啊的，一点儿也不正面回答。

（4）说了很多遍，同一个错误还是要犯。

（5）不理解父母的辛苦，一直花钱大手大脚，说还不能说，脾气比自己都大。

（6）在外面情绪就有点不好，回家看见孩子没有学习就觉得很恼火，忍不住发脾气。

我常常从他们的描述中，窥探到了他们的台阶，却怎么也没有窥探到他们给孩子下的台阶。时代在变化，**孩子们更注重自己的情绪价值**，也没有办法做到像七八十年代的人一样完全遵从父母的想法来做事，加之青春期孩子很有自己的思想，也有自己的价值观和判断，他们并不是逆来顺受的一代，用孩子们的话说是天生反骨的一代，想要跟他们拉近关系，就真地需要在大人忍不住发了脾气之后，学会在当下就修复关系。

毕竟，亲子关系破裂了，对有些父母而言，才是开始了相当煎熬的时间，孩子不理自己，说什么都没有回应，每一天都是热脸贴冷屁股，说多了还会争吵起来，这样的家庭氛围，没有几个家长是能做到内心不焦灼的。

我也常常手把手教大家，如果你真的忍不住对孩子发了脾气、冒了火、说了难听的话，**一定要在当天情绪平复下来之后去跟孩子修复破裂的亲子关系**，哪怕效果不太理想，也要做，毕竟你开始有修复的行动，孩子的内心才会觉得父母是在乎自己的，是爱自己的，是愿意为自己妥协的。

大家在当下对孩子发了脾气，有了情绪，一定要按照以下的方法来跟孩子修复。

第一，跟孩子口头表达，我们需要静一静，这时候有情绪**特别不对**。这句话是为了给当下紧张的氛围减减压力，也不会让孩子在当前的情绪中走极端。

第二，待自己的情绪降下来，跟孩子开口道歉。很多父母都认为自己就是没有错，凭什么道歉，我说，那你就要思考，究竟是要亲子关系还是不要，如果是要亲子关系，不为别的，就为刚刚的怒火和说出去伤人的语言道歉，那也是应当的吧？道歉是让青春期的孩子在这一刻能够将自己刚才压抑住的情绪给发泄出来，如果一直带着情绪，那么他的脑海中满满都是对父母的控诉，还会想起从小到大所有的不愉快。

第三，带孩子出去吃一顿他喜欢吃的。在这里，一定不是讲道理，而是给孩子吃一顿他喜欢吃的，在饭桌上说说笑笑，这样才能修复彼此的亲子关系。如果孩子不愿意出去，那就出去买点他喜欢吃的回来吃，让他看到父母的修复态度。

第四，与孩子商量一个相互提醒的机制。每个人都有情绪，也并不代表着一次修复了就绝对没有下一次，但是可以跟孩子商议，如果下一次脾气又来了收不住，可以用哪种孩子喜欢的方式来积极暂停一下。

第五，不要在孩子情绪好一点的时候，又开启讲道理。对于青春期孩子而言，他也会对父母抱有期待，如果父母的方式总是反复出现偏差，孩子会觉得难受和绝望，逐渐地，他对父母也就不抱期待了，所以，我们也要注意面对青春期孩子，不要总是在他情绪好的时候，聊一些让他压抑的话题。

> 小贴士：父亲与母亲在处理情绪上存在差异，父亲可能更多压抑情绪并在家庭中爆发，而母亲则容易积累情绪并在特定情况下发泄。但到了青春期，父母保持亲子关系修复能力是维持情绪稳定的关键，也是为孩子树立情绪稳定的好榜样。

[第三章]

人际关系：
青春期孩子更在乎与同伴的关系

孩子进入青春期，同伴关系对他的影响力就会逐渐提升，我对 2023 年来到我咨询室的 160 个青春期孩子做了数据总结，因为人际关系出现问题而引发一系列的亲子矛盾、学习矛盾的占比为 60%。

有孩子因为好友与自己一起竞选班委，自己被选上了对方没有被选上而友谊崩塌；有孩子因为同学们起绰号而崩溃；有孩子因为好友与另外的孩子组团感受背叛而崩溃；有孩子因为妈妈总是说好友的好而翻了友谊小船……

这些原因，会导致孩子很长一段时间都没有办法集中精力学习，每天都会思考应该如何处理自己的人际关系。人际关系对孩子们的影响力不断提升，有时候他们玩游戏也好，约朋友出去也好，有很大的概率是为了维系自己的人际关系。

这一章，我会从青春期孩子最在乎的人际关系，以及怎样协助孩子处理人际关系、父母怎样做好示范作用等方面来开展，也会教大家觉察人际关系给孩子带来的杀伤力，以及怎样把这份杀伤力降到最低，让我们一起走进本章。

## ◆ 为何孩子会把人际关系处理得很糟

时下有许多孩子在青春期阶段展现出强烈的个性和思想，这是由于他们在家庭中很少有兄弟姐妹，从小到大受到的都是长辈的关爱。加上在这个阶段孩子们的情绪容易波动，从而导致友谊的小船变得脆弱。因此，我们需要关注孩子的心理健康，帮助他们建立稳定的人际关系。

有很多青春期孩子每天相处得最多的就是同学和老师，跟父母的相处反而很少了，当然，很多孩子遇到了人际关系问题也会跟父母交流，但是绝大多数的父母并没有引起重视，从而导致孩子因为人际关系紧张而睡不着、情绪很糟糕、动不动就哭，甚至出现自残的行为。

"乖乖，你最近遇到了什么问题？为什么过得这么不开心？"

"曾老师，我跟我的好朋友闹掰了，我们一起竞选班委，我选上了她没有，她就联合好几个朋友一起孤立我，我说什么他们都不做，还会唱反调，我真的太难过了。"

待孩子哭过，我耐心地询问她，当时选班委的细节，让她从头到尾给我说一遍，为啥对方会有那么大的反应？

"我最近在想，是不是因为提交竞选申请的时候，我先她一步交到老师手里，所以她才反应那么大。"

"你们提前商量过吗？是不是要一起把竞选申请提交到老师那里？"

"是，但是她后来又跟我们班另一个人一起交，因为那个人的妈妈跟我们老师是好朋友，我看到她那几天跟那个女孩子走得很近，就没有叫她一起，因为我也很难过啊，为啥看着要临选了，她却刻意疏远我。"

"那曾老师给你分析一下那个女孩子的心理哈，她一定非常想当选，所以她用了自己认为对的方式，如果你没有当选，你提前去交申请书这件事并不会成为你们之间的导火索，但是你当选了而她没有，所以任何的小事情都可能放大，同时你也没有跟她确认，所以她把所有的没有当选的矛头都指向了你。"

"我真的很在乎她这个朋友的，如果是因为这样，我宁愿不做这个班长，可是她们在背后说我坏话的时候，我真的很难过，有时候明明我就站在那里，她们还阴阳怪气，我真地觉得我快受不了了。"

"你有没有当着她们的面表达你的底线？"

"有，可是我说完，她们就更是阴阳怪气了。"

"你有没有跟爸爸妈妈说？"

"说了，他们去跟老师交流，结果导致我被更多人孤立了，他们说我只知道找爸爸妈妈解决问题，是一个还没有长大的宝宝。"

"我看到你真的很努力在修复这段关系了，那目前你是想修复还是怎么做？你想怎么做，曾老师就给你想什么办法。"

她思考了好一会儿才告诉我，"我想修复"。

———

于是我跟她用了一个月的时间，用了十几种方法，重新和那个女孩子修复了关系，孩子在那一刻才真正开始展露笑颜。

就像案例中的很多父母一样，感受到孩子是被孤立了，第一时间找老师沟通，老师又很直白地在班级当中描述孩子的状况或者找到关联的几个女生密谈，这种情况会将孩子们的人际关系状态变得更加糟糕。

那我来为大家分析一下，为什么青春期孩子会将自己的人际关系处理得更糟糕呢，找到根源和原因，有时候就能够解决这些问题。

第一，孩子站在自己的角度，总觉得对方有问题。这是孩子们常有的心理状态，在这种心理状态之下，就会从对方所有的言行举止中挑毛病，导致友谊小船翻得越来越彻底，从而带出一系列负面影响。

第二，情绪起来之后，很难向对方低头。孩子们有时候明知道是自己不对，但是碍于自尊心，不愿意跟对方道歉，从而让人际关系变得越来越糟糕。

第三，沟通的方式不够恰当，让人际关系恶化。青春期孩子大都没有良好的沟通方式，有时候明明想去处理问题，结果一句话不恰当可能就让关系更加恶化，比如，"我都这样说了你还要怎么样吗？"那对方就会觉得这根本不是解决问题的态度，反而让人际关系变得更加糟糕。

第四，把彼此知晓的秘密告诉给其他人。青春期孩子大都憋不住秘密，要是同学和朋友告诉自己一些秘密，有时候忍不住告诉其他人，会导致秘密摊开之后人际关系的恶化。

第五，总想要争个输赢。好胜心也是青春期孩子的正常心理状态，但是长期只希望自己赢就会忽略掉朋友的感受，从而导致把人际关系处理得很乱。

第六，过强的正义感。青春期孩子有很强的正义感，有时候自己出现问题都没有朋友出现问题反应剧烈，所以会导致孩子有时候讲义气，这种讲义气在人际关系的处理中会丧失一定的理智，导致人际关系的混乱。

很多父母看着原因就会跟我交流，觉得这些都是问题，我会告诉他们，换个角度来看待，将这些"问题"看成"成长"。每个孩子都需要去经历的人际关系挫败、人际关系焦虑、人际关系的分分合合或者矛盾的处理，在经历这些事件之后，孩子才会成长起来。

比如，我遇到过一个孩子跟朋友闹矛盾了，她自己想的修复办法是，每周花25元跟那个孩子做3天的朋友，因为这段人际关系让她特别苦恼，每天都没有心情上学，我鼓励她按照这种方式去操作。

当我在很多家庭教育讲座现场讲到这个案例的时候，很多父母都认为这个孩子在面对友谊时太卑微了。

我说，这是我们大人的判断，并不是来自孩子的判断，孩子觉得很开心，终于赢回了好朋友，在下一次两个人因为观点不同闹矛盾的时候，她的情绪就很平稳了，因为内心有了心理准备，同时也有了新的朋友陪伴她面对这一切。

所以，**有时候孩子想到的方法才是好的方法，我们大人只能做一个倾听者和分析者**，真正的方法还是需要孩子从自己的好朋友性格着手去寻找。

小贴士：当孩子跟我们父母描述自己的人际关系出现问题时，我们静下心来认真地听孩子描述并且协助她分析问题，站在孩子的角度去理解，有时候孩子自己就能找到自己要的方法。

## ◆ 学会舒缓情绪，让孩子得到释放

有些孩子会形容自己是社恐，我就会拿我遇到的好几个真正社恐的孩子来举例给他们听，他们才明白，原来自己并不是社恐，可能还属于"牛杂"。

青春期的孩子们创意十足，我也常常从他们的口中听到很多新颖的名词，或者听到很多金句，比如，孩子们形容自己有时候"社牛"有时候"社恐"为"牛杂"。

有一个真正"社恐"的孩子，从学校出发去门口的奶茶店买奶茶，心里就会开始思考自己要什么，怎么跟店员说，给多少钱，对方找自己多少钱，但是真正走到奶茶店门口的时候，人脑一片空白，他又灰溜溜地回到教室，然后反复地埋怨自己为什么开不了口。

我探究他的成长环境，在他小时候父母开饭店很忙，饭点的时候会忘记孩子，等忙过了就开始挨家挨户找孩了，找到就让他罚跪在街边，在这种教育环境之下，孩子进入青春期开始就特别害怕与人相处，特别是害怕对方跟自己的眼神接触。

我还记得他第一次跟我见面的时候，大夏天的，他却满手心都是冰凉的汗，我只要开始直视他的眼睛，他就会十分慌乱地到处乱看，完全不敢直视我的眼睛。

幸而，当时是他最信任的老师推荐他来到我的咨询室，在这种前提条件下，他才敢跟我见面，也才敢把满是伤痕的手臂给我看。

我探究他小时候的人际关系，有些孩子感受到他的能量比较薄弱，加之很多孩子都知道他父母罚跪的事实，所以联合起来欺负他，被抢东西、让带早餐都是十分常见的事情，他也曾跟父亲描述过，可是父亲的看法是，你是男子汉，要自己勇敢一点处理问题，不然他们总是欺负你，怎么不去欺负别人？

再探究他初高中阶段的人际关系，他很容易暴脾气，导致很多同学都不愿意跟他交朋友，怕一个不小心又打起来。父母在这个阶段里，基本不太管他的内在情绪，反而是埋怨他经常惹祸。

在这样的成长环境中，这个孩子一直处于困境中出不来，一步一步走向了真正的社恐。

我们可以看见，当孩子处于人际关系困境中没有人协助和引导他们的时候，加上家庭环境的不同教育模式，很容易让孩子们出现心理疾病。

正如这一章开篇我给大家总结的数据一样，他们真的很容易因为人际关系问题而变得焦虑和难受，长此以往，孩子就会往心理疾病方向发展，所以，当孩子处于人际关系矛盾的情绪里时，我也教大家一些方法来缓解孩子的情绪。

**第一，我们要认真聆听孩子究竟发生了什么人际关系问题。**青春期孩子遇到人际关系问题时，往往是无助的，这时候，只要孩子愿意说，我们都要认真聆听孩子的内心想法。如果我们发现孩子这段时间总是哭泣和难受，也要主动关心孩子发生了什么事情，人际关系的问题也好，其他问题也好，在青春期孩子的心目中没有小事，每一件事对于他们而言都是大事。

**第二，我们要允许孩子哭出来。**在很多家庭教育中，都是不允许孩子有情绪的，当孩子哭着跟我们描述问题的时候，很多父母会指责孩子说，"哭什么哭，有啥好哭的，不就是跟朋友闹掰了这么小的问题嘛"。殊不知，正是这句话会让孩子不太愿意跟父母再描述自己遇到了哪些问题，有哪些情绪。在孩子遇到人际关系问题的时候，我们要允许孩子哭出来，才能让孩子的情绪得到合理的释放。

**第三，适当地给孩子拥抱或者握住孩子的双手。**肢体语言可以表达对孩子的关心和爱，让孩子在此时此刻有更多的力量能够描述出更多的细节，我们作为大人，知道了所有细节，才能知道孩子在人际关系中处于什么样的角色。

**第四，站在孩子的角度给孩子出谋划策。** 很多父母站在大人的角度给孩子解决问题，所以孩子会觉得你根本没办法帮到我。站在孩子的角度往往只需要倾听完了之后，问问孩子自己想怎么做，他的想法之中是否有我们觉得不够合理的地方，如果有，可以跟他描述如果这么做，可能带来什么后果，协助孩子从他诸多的想法中找到最适合他自己的那一个。

**第五，当孩子强硬选择一种错误的方式，父母要让孩子去试试看。** 尝试才是孩子的成长，就算我们知道前面是个坑，孩子可能也知道是个坑，但是他自己如果不尝试，内心就会心心念念，一定会再一次去执行，而得到父母的允许，哪怕自己最后失败了，也可以回家告诉爸爸妈妈自己不对，能被父母接纳，也有了成长的勇气。大不了，就是重新来过罢了。

**第六，在这段时间要格外关注孩子的情绪，及时给他安抚。** 当孩子遇到人际关系问题，我们要知道他内心世界中的困惑和难受不是一天两天就能好起来的，可能需要比较长的一段时间，父母在这段时间里，给孩子的关心和爱要加倍，才能让孩子稳定住这段时间的情绪。

小贴士：当孩子因为人际关系而出现问题，甚至有情绪时，我们不能视若无睹，要尝试着关注他每一天的情绪，站在他的角度帮助他平复情绪，也许就能找到更多好的方式来处理目前面对的困境。

## ◆ 找到修复人际关系的突破口

协助孩子去突破自己的人际关系，是我们本章最重要的话题，因为人际关系对孩子们的影响是十分重大的。比如，这个阶段的孩子你可以说他不好，说他的父母不好，但就是不能说他的朋友不好，要是涉及朋友，他能够跳起来跟你干架，以此证明自己的朋友并不是不好。

当然，孩子们也会跟我描述，当父母说他的朋友不好时，自己的感受和想法是：他们看不起我的朋友就是看不起我，这是在质疑我的眼光。人家也有很多的好，为什么他们总是拿别人的不好来说事。我倒是也想跟他们说的那些品学兼优的孩子一起玩啊，但是人家凭什么会跟我一起玩？

有一个孩子是在进入大学的时候出现抑郁，当一家人找到我，这个乖巧的女孩不敢直视我的眼睛，但是在我反复温柔的关怀中，慢慢放松，开始流泪。

她的人际关系一直处理得不好，小学的时候最好的朋友和她闹矛盾了，再也不跟她一起玩儿，她甚至都不知道是为什么，她也很在乎对方的感受，也总是带吃的去学校给对方。

初中阶段，她又交到了两个好朋友，可是后来有个女孩子把她的秘密全部拿出去说，导致全班都嘲笑她，从那时候开始她就有点不太敢交朋友。

高中阶段，有两个像大姐姐一样的女孩子跟她一起玩儿，还会保护她，所以在高中她被治愈了很长一段时间。可是大学里，大家都来自天南地北，这种害怕交朋友的状态就变得格外敏感，同寝室室友之间自己总是担心会做错什么，一点声响自己都会不停地跟别人道歉，同寝室的人描述她"绿茶"，这就让她更害怕跟别人相处，这样的状态持续了半年，她实在是憋不住了。

当我跟孩子交流完，问爸爸妈妈知不知道小学时候的那件事，妈妈说知道啊，我想的是上初中了可能就会好一点，初中那件事倒是不知道，高中她也有朋友，也就没有引起重视。

人际关系的问题不处理、不重视，的确感觉过一段时间就好了，可是有很多时候，会在后期成长的过程中变本加厉地影响着孩子的人生，比如，有的孩子不会谈恋爱，有的孩子无论是同性交友还是异性交友都会引来很多的矛盾点。

这些都是因为人际关系问题没有及时疏导和处理而导致的，我们所有的养育者都要知道，人际关系的影响对孩子而言是长久的，如果他们努力了、处理了，但是结果没有令他满意,是不会出现后续很多解决不了的问题的。如果没有处理,那这个问题只会在下一个问题的基础之上叠加,导致问题更加严重。

所以,作为父母,一定要及时协助孩子处理人际关系所遇到的问题,以下是我整理的比较实用又能解决问题的方法。

**第一,无论孩子跟我们说任何人际关系的问题,我们都需要引起重视**。对于青春期孩子而言,他们不会轻易拿鸡毛蒜皮的小事情回家去烦父母,当他们真正跟父母开始描述人际关系的问题,我们就要耐心地听孩子把他遇到的人际关系问题描述清楚,一方面父母可以看见孩子自己的处理方式,另一方面父母也可以客观公正地协助孩子做一些人际关系问题的分析。

**第二,不要冲动地直接去学校找对方孩子**。很多父母知道孩子被欺负或者孤立了,会直接去学校找老师或者找对方孩子处理问题,殊不知这样做可能会导致孩子的人际关系变得更加糟糕,我们可以问一问孩子需不需要我们这么做,如果需要,我们思考好怎样既会让自家孩子觉得站在他那边又不会把事情闹得更大,还能引起对方孩子的重视,这样才不会让事情变得一发不可收拾。

**第三,无论孩子说什么,不要站在对方的角度去指责**。我们在听孩子描述的过程中,难免会觉得孩子的处理方式是有问题的，但是这时候指责孩子只会让孩子不再回家交流他的人际关系问题，我们要尝试着询问孩子的感受、想法，以及问孩子他在这件事情里的收获和反思，如果孩子没有意识到，让他按照自己的想法先处理之后，再抽适当的时机来跟孩子描述你看到的可能有问题的地方。

第四，关注孩子处理人际关系的进度。我们与孩子共同找寻到了方法之后，要持续地跟踪孩子处理人际关系的情况，而不能不管不顾，这样是为了确保孩子将人际关系处理好。

第五，带孩子去一些社交场合，让他观摩自己处理人际关系的场景。我见过一位父亲，跟孩子描述的是，只有永远的利益没有永远的朋友，导致孩子从小学到高中都没有朋友。正确的做法是，带孩子去一些社交场合，让孩子看到我们真诚交友的方式和处理方式，给孩子做个示范带领，还可以跟孩子讲自己与每个人从结识到现在的友好关系，以及遇到了问题是如何处理的。

第六，组织一些活动，邀请孩子和他的朋友一起参与。我们可以组织一些活动，让孩子邀请他的朋友一起参加，也可以邀请对方的父母一起参加，两家人可以坐下来聊天交流，给孩子营造一个好的交友环境。

第七，给孩子做好后盾，对孩子报以信任。我们要在孩子遇到人际关系问题的时候，认真倾听，协助分析，一起找方法处理，也要放手让孩子去处理，如果孩子处理不了，需要父母上场的时候，一定不要往后退，要给孩子力量。

> 小贴士：每个人都会遇到人际关系问题，在青春期，孩子开始有自己的想法和观点，所以难免跟同龄人发生不愉快，当我们知晓了孩子遇到人际关系问题，一方面要引起重视，另一方面可以用这7个方法来协助孩子平安顺利地度过人际关系困难期。

## ◈ 父母的人际关系交往类型对孩子的影响

有很多家长会跟我探讨一个话题，那就是孩子的人际交往能力会不会遗传，对于遗传学，那完全是另一个范畴了，我只能从家庭教育的角度带领人家看一看，一个孩子为什么会出现不同的人际交往类型，这是带有父母们不同交往模式的影子的。

**第一种类型：父母都是活泼开朗型。**

活泼开朗的父母首先来说肯定是有很多朋友的，那经常带孩子出门，也容易养育一个比较活泼开朗的小朋友，但是也有一种例外，那就是既活泼开朗又喜欢插手孩子事情的父母。

在幼儿阶段，我接到过很多活泼开朗又面面俱到的父母提问说自己家小朋友胆小，我认真走进他们的家庭去观察，我会发现，基本上每一次他们都会帮助小朋友回答所有提问，会帮孩子做他应该做的事情，在人际交往关系中会不断地提醒孩子这件事该做，那件事不该做。

长期得不到肯定的孩子，一定会显得不够自信，但是在交朋友这件事上，其实孩子们不会在一开始就出现偏差，是沾泼开朗的父母对孩子交朋友的速度、宽度和广度不满意，反复指导孩子应该怎么交朋友，从而导致孩子不太容易交到父母期待的好朋友。这有可能导致一些孩子在家里是一个模样，在学校里又是一个模样，老师描述孩子活泼开朗，父母描述怎么可能，在家里就是一句话都不多说。

所以，如果你们是一对活泼开朗的父母，**试试看只给孩子做好示范**，多约朋友一起出去，约孩子同龄人的父母一起出去玩，给孩子们自己相处的时间，不断夸奖孩子在交友中做得很好的部分，那孩子就一定会成为一个"社牛"。

**第二种类型：父母一个"社牛"，一个"社恐"。**

我常听这类家庭的"社牛"埋怨"社恐"的那个不愿意出门，总是喜欢宅家里，不能给孩子做好一个示范。

但是也有这类型家庭大家分工很明确，"社牛"的那个带孩子出去社交和玩耍，"社恐"的那个跟随，或者在家里带孩子一起玩儿，一静一动，动静皆宜。

所以，有时候无论对方是什么样的性格，一定是因为有一些特质才会喜欢，才会相爱，才会步入婚姻的殿堂，既然组合到了一起，那就可以试试看把对方的长处运用到极致，而这样可以互补的家庭，当孩子遇到人际关系交往问题的时候，往往站的角度是不一样的，反而会帮助孩子拓宽自己处理问题的面。

所以，不要相互埋怨，毕竟性格已经养成，想要改变对方就意味着痛苦，那何不运用对方身上非常难能可贵的特质，来协助孩子变得更好。

交朋友的方式是多样化的，也不意味着只有活泼开朗才是好的，**孩子能稳定地交一些志同道合的朋友，也是相当难能可贵的。**

而且大家还可以发现，当我们的孩子在幼儿期的时候，一定会在两个大人中间察言观色，通过察言观色来找到自己合理的交友方式，所以减少一定的争吵，也是为孩子形成更加良好的交友模式做了铺垫。

**第三种类型：父母两个"社恐"。**

"社恐"并不是说就是完全不敢去交朋友，而是两个人都相对比较宅，没有什么特别多的朋友，但又稳定又长情的朋友，也不是每一天都会相聚在一起，而是定期聚聚。

两个"社恐"有了孩子之后，大部分还是很愿意带孩子出去跟同龄人相处的，因为人家心里有个逻辑是，我们都这样宅了，不能让孩子走我们的老路，所以有时候带孩子出门更多的，有可能是我们看起来十分宅的父母。

也有一些宅的父母，宅得相当稳定，孩子自己一个人在家里也能玩儿出新花样来，所以去外面交朋友的时候，因为没有同龄玩伴，自己出去反而就会很珍惜。

在这一类型中，如果有那种自己总是对着他人甩脸色和不知道怎么说话的直男直女，孩子才可能更多地以自我为中心，不会交到太多的朋友。

那从家庭教育的角度来告诉大家为什么不同的孩子会形成不同的交往类型了，大家就可以知道，孩子们有他们的世界，我们可以作为教练、作为朋友、作为长辈，但一定不要作为绊脚石。

人际关系，其实是每个人毕生都会"修炼"的一项能力，在这一章中，我也为大家分析了青春期孩子为什么会出现人际关系的问题，也为大家解读了孩子们遇到人际关系出现矛盾时，父母应该怎么协助孩子处理。

> 小贴士：我们要切记，当孩子遇到了人际关系的问题，一定不要让这个问题沉淀在那里不管，因为处理问题的能力，也是孩子们的必修课。

[第四章]

学习内驱力：
从"要我学"转变为"我要学"

很多家庭来到我这里或者我们团队小伙伴那里，都会在孩子已经生病的情况之下问，多久能好？多久能返校？多久可以回归正常的学习生活？

我治疗过的一个孩子很理智地跟我说："那时候，我十分难受，已经到了每天浑浑噩噩，甚至想结束自己的状态，但是我都没有想过自己会退学，反复要求自己要好好学习，后来住院再回去发现自己听不懂了，我才知道原来自己没有那么强大，不得不申请休学。现在想想，我们从小到大经历的教育太吓人了，明明已经那样难受，却依旧想着自己坚持一下，再坚持一下。"

这是很多孩子的心声，我也看到每一次我们说到学习内驱力的主题时，线下讲座座无虚席，大家都还是更关心孩子怎么能够重新找到学习的自信心、内驱力，回归好的学习状态。

在这一章，我会带领大家认真分析为什么孩子们会失去学习内驱力，当他们遇到学习方面的问题，父母应当怎么做来缓解孩子这方面的压力，如果孩子不得不休学，我们又可以怎么应对和处理，以及孩子休学之后是否能回得去。

## ◆ 孩子厌学的九大原因

在这10年间,我遇到过很多因厌学而出现躯体化症状的孩子,比如,只要一走进学校就会晕倒;一走进学校就开始胃疼、脑袋疼、肚子疼;一走进学校就开始哇哇地大吐特吐;一走进学校就浑身发抖。

这些孩子都是所谓的被学习压垮的孩子,在这些孩子中,80%的占比都是高智商的孩子,他们有很多都多少带了点完美型人格,都希望自己能够一直很好,遇到不好的情况,就难以消化,从而发生厌学的情况。

我给大家讲几个故事,再来看我们今天要分析的原因。

**故事一:一学期吃不上午饭的孩子。**

有一个孩子,厌学了,妈妈通过朋友找到我们,跟孩子前二次沟通她都闭口不提为什么会厌学,但是在了解家庭里爸爸妈妈给她的压力和语言暴力的时候,她反复哭泣和释放。

在第三次之后,每次说好了时间,她都会放我鸽子,持续放了五六次鸽子才又见我,她说,那是因为看见我们没有放弃她,也从来没有责怪过她,所以才会再见面,我也表达了她在我这是安全的,也给她讲了很多别的案例告诉她,我一定会协助她解决问题。

当孩子觉得十分安全,她才跟我吐露心声,当她告诉我一学期没有吃到午饭的时候,我真是愤怒得两手直搓。她所在的班级换了个英语老师,每天都要抽听写,而且要求全对,要是一个不对,就罚抄100遍。

孩子每一次都想写好这些题目,可就是写不好,慢慢地越错越多,内心的紧张和压力让她已经喘不过气来,老师要求早上下课,必须下午上课之前抄写完,所以他们在几个英语课代表的监督之下,每天中午都在罚抄。

中午饭没办法吃上,下午上课又耗精力,整个人都是恍恍惚惚的,肚子总是咕咕咕地叫唤。孩子说到这里泣不成声,再看看我,我也跟着泣不成声,天呐,让一个正在长身体的青春期孩子吃不上午饭,这是精神和身体的双重折磨。

———

当我把这个事实讲给妈妈听的时候,妈妈也心疼得眼泪直流,没有一个人听到这样一个事实不流泪,然后我跟妈妈一同找到校方，也了解了孩子班上另外几个孩子的情况，有的转学，有的跟孩子一样封闭在家里不出门。

校方最后给出了合理的处理，并且把老师调往后勤部才算是平息了这件事，可是带来的影响是，孩子直到中考都没能回到学校，最后选了个自己喜欢的专业，另谋他路开始学习。

**故事二：只要我不学习，就像犯了天大的罪。**

有一个女孩，到了高中开始休学在家，第一次接到她妈妈的电话我就知道这当中大概率有妈妈的"功劳"，因为这位妈妈在跟我通电话的30多分钟里，基本没有离开学习两个字。

跟孩子交流的时候，刚开始她防备心很重，那是因为她总是担心我是妈妈请来的帮手，来劝她返校的，结果我告诉她，没有关系，我们接纳你现在的状态，哪怕需要很长一段时间，都会由我来说服妈妈给你时间慢慢来。

孩子看到我的真诚，以及也听到我跟孩子们的关系有多好，给孩子们想了很多不同的办法，她才逐渐放心，加之她说到角色扮演（cosplay）的时候，我夸奖她的眼睛戴美瞳一定很好看，她一下子就开心起来，跟我先聊她的兴趣爱好，再开始跟我吐槽妈妈的种种。

"妈妈跟爸爸分开得早，我后来觉得大概是因为她强势，总是觉得老爹这儿也不好，那儿也不好。可是我看她，这么多年下来身边没个人关心她的冷暖，真是自己造成这样的呗。"

"我从幼儿园开始就已经没有自己的时间了，我每天都在学习，不是上幼儿园就是上补习班，什么都上，跳舞、主持、钢琴、古筝、架子鼓、科学实验……小学时候，你知道吗，我居然一天要上三门语文，一个拼音汉字，一个阅读理解，一个作文，在小学三年级的时候，我就想，我的人生怎么能悲催成这个样子。"

"这样也就算了，重点是我妈妈居然每一门都要看成绩，只要我稍微少了那么几分，那一定会被骂，还要罚跪，每天好几个家庭老师换着花样给我上课，那些老师收了钱就想快点上完，有时候一天要上四五节课，我真是受不了。"

"你知道吗，我小升初，她带我考了无数所学校，只是为了选择她认为好的，好家伙我一进去就感觉自己是个学渣，什么六路神仙都有，他们为啥就能那么轻松得到那些分数，我却永远得不到，得不到她就变本加厉给我补习。"

"曾老师，你说，如果是你，你能受得了这样的人生吗?"

我看着她那双已经没有光亮的眼睛,认真地回答她,"你已经做得很好了,你也很强大,现在才崩溃,如果我是你,我一定没有你做得好。"在这句话后,孩子才终于第一次哭出来。

我跟妈妈说,你应该谢谢孩子在当下想要停下来思考自己的人生,而不是过着牵线木偶一般的生活,她停下来不是坏事,不然,她厌学不仅是迟早的事情,她开始怀疑人生的意义就是接踵而至的事实。

在这个家庭里,我协助孩子重新走进学堂花了一年半的时间,在这一年半中,正是跟妈妈上了无数次的"思想政治课",孩子才真正找到了自我。

**故事二:花光妈妈卡上五万多块钱的孩子。**

有一个孩子,被送往了军事管理学校,在好友的推荐下,孩子一家找到我,当我得知孩子被关到那样的管理学校时,我赶紧给父母做工作,让他们把孩子接回来。

正是因为我做了这样的决定,孩子才愿意跟我见面,家人觉得孩子不懂事,还总是在学校里惹祸,后来悄悄用光了妈妈绑在手机卡里的钱,这才引发了父母在他闹着不上学的时候送去了军事管理学校。

孩子跟我说,在那里每天都要被打,自己已经快要活不下去了,我轻轻拥抱他,告诉他已经安全,我也不会再让父母送他去那种地方。

孩子这时候才打开心扉跟我交流,他在学校里被同寝室的高年级学生欺负,从高一到高二,那个孩子反复教他怎么拿爸爸妈妈的钱,怎么给他,我看了转账记录,前前后后上万元的转账记录,他其他的钱用在了游戏账号上,那个游戏账号后来也被那个孩子给抢了去,据说后来那个账号也被卖了。

我问他,怎么没有跟爸爸妈妈说这件事。他说,他告诉父母了,可是爸爸妈妈根本不相信,觉得就是他为自己找的理由和借口,而且在学校里老师经常向父母告他的状。

他有句原话是:"当我的父母不能帮助我解决问题,那我只能靠自己,我害怕被打,所以我结识了一些大哥,他们会保护我,只是我需要请他们吃饭。"

不错,看到这里,大家就会发现,在校园霸凌中,孩子的认知已经开始有所偏颇,也因此结识到了一些社会上的孩子,从而导致一系列问题的发生。

我们协助这个孩子去找到那个霸凌者及其父母，以孩子看着要高考了，大家谁都不想把事情闹大为由，要回了转给那个孩子的钱，再找到校方描述清楚所有的事情，以及请求校方做调查，允许孩子在休学一段时间后重新换班级。

这件事我们处理了半年多，才尘埃落定，孩子也看到原来父母是可以有力量保护他的，才开始选择信任父母，逐渐回归正轨。

———

从这三个故事中，我们可以看到，每个孩子厌学的原因不一样，闹着不去学校的原因也不一样，那在这里，我就综合九个比较统一的原因，大家在不同的原因中去找寻自己孩子厌学的原因。

就像我在描述故事的时候一样，找到原因，往往也就找到了一大半的解决办法，才能协助孩子处理问题，引导他找到自我，重新找到学习的内驱力。

**原因一：父母双方或者一方的控制欲。**

这里说的控制欲是，只要孩子做跟学习不相关的事情，父母就会炸毛，对孩子指责、打骂。这种学习至上的管控欲，会让孩子在小时候看起来还挺听话，长大后只要在学习上反复受挫，就一定会开始讨厌学习，出现严重的厌学情绪。

**原因二：父母的焦虑感。**

当前，很多城市因为初升高的升学率等原因，家长之间会反复探讨学习和升学的事情，加之家长会担心孩子们的考试，家长就会在内心充满了焦虑，但凡孩子在学习上出现偏差，就会焦虑得到处求助，找老师补习，真是生怕孩子没有办法升学。

很多父母在交流的时候跟我表达，自己是不焦虑的，但是孩子跟我表达的时候，很多父母还是将自己的焦虑表现得淋漓尽致。

比如，孩子没有考好，看着孩子莫名地皱眉和叹气，经常语重心长地说你要努力啊，你要加油啊。这种话语空气中都充满了担忧的状态，实则是在表达自己的焦虑情绪。

**原因三：老师带来的压迫感和紧张感。**

老师们也期待自己的学生都能学好，所以有时候采取的方法就是不停地练习、刷题和罚抄，这种方式之下，有些内心敏感的孩子就会对老师说的每一句话都对号入座，因为这样的对号入座，孩子就会从内心开始惧怕、讨厌老师，从而出现厌学情绪。

**原因四：完美型性格的孩子在学习上遭遇了无力感。**

完美型性格的孩子智商很高，对自己的要求也很高，但是往往自己定下的目标会高于平时，达到之后会很有成就感，反复达不到，自己就会遇到挫败感，再多几次遇到这样的问题，他就会开始不自信，怀疑自己不够好，焦躁的情绪持续一段时间就会出现厌学情绪。

**原因五：强烈的落差感。**

有的孩子在小学阶段或者初中阶段都是佼佼者，但是进入下一个阶段的时候，身边太多的佼佼者，大家互相竞争，自己就会有很大的挫败感，这种挫败感对于有些敏感的孩子来说，就非常不合时宜，特别容易导致他们出现厌学情绪。如果在学习上持续地找不到成就感或者进步，那这种厌学情绪就会摧毁他们，想要"躺平"和休学。

**原因六：人际关系出现问题。**

这里说到的人际关系问题有三种，一种是跟好朋友闹矛盾，被背叛，孩子却不知道怎么处理，每天都沉浸地思考自己应该怎样跟朋友和好，加之学习繁重，如果家长和老师加以批评，孩子会逃避去学校。

另一种是校园霸凌，就像我案例中的孩子，被霸凌的孩子一般都会回家跟父母讲，如果父母没有引起重视，孩子会因为自我能量不够，反复被欺负，长此以往，孩子也会害怕去学校，出现厌学情绪。

还有一种是早恋,如果孩子早恋的时候,父母所用的方式不够恰当,那么孩子也会出现厌学情绪,这一点,我会在后面教大家方法的时候给大家讲一个案例和两种正反面对比的方法供大家参考。

**原因七:无法平衡学习和日常。**

青春期孩子有时候很忙,要忙着处理自己周遭的事情,还要平衡学习成绩和学习日常,有的孩子会因为做不完作业而长期睡眠不足,睡不够导致白天听课状态也不算特别好,久而久之,孩子就会觉得学习是一件非常吃力不讨好的事情,从而出现厌学情绪。

**原因八:对未来的怀疑和对目标的迷茫。**

青春期孩子开始寻找自我,想知道自己为什么来到这个世界上,要去向哪里,所以他们就开始寻找自己真正想做的事情,这时候如果父母和老师在学习至上的理论之下不断干预孩子,他会更加迷茫,会觉得学习是没有用的,自己要找的东西根本不在学习上。孩子在兴趣爱好和学习之间发生一系列的冲突,从而有些孩子就会出现厌学情绪,不想去学校。

**原因九:没有学习自信心和成就感。**

很多孩子处于常年被打压的环境之中,考 99 分,父母会问还有 1 分去哪里了,随时都在被批评这儿也不对那儿也不对。在这种高压的环境之下，孩子没有办法收获学习自信心和成就感，所以在学习上会随时出现挫败感，久而久之，就会出现厌学情绪。

小贴士：孩子会出现厌学情绪，一定不是大家看到的逃避现实，当中有很多原因，我们需要从孩子平时的行为、从父母对待学习的态度、孩子在学校里的师生关系等多个维度着手，找到孩子为什么会出现厌学情绪，从而就可以着手在不同的原因中按照后面我给大家的方法来进行辅助，让孩子找到真正的自己！

## ◆ 休学不是一场灾难，而是一次机遇

目前，在初高中阶段，休学已经不再陌生了，我走进了近300所中小学，和每个学校的老师一起交流的时候，都会反馈几个休学的孩子，算下来，还是很大的数据量了。

我遇到的休学分为几种情况，一种是父母看见孩子的状况不太好，主动提出休学让孩子休息一段时间，这类型的家庭，孩子好得反而快得多，因为这时候父母用行动表达了对孩子目前状况的接纳和理解，也告诉孩子，人生那么长，没有关系，我们慢慢来，找到你自己最为重要。

一种是孩子自己死活不愿意去学校，不得不休学，每天都宅在家里面不出门，很多家长找到我的第一时间是问，能不能上门去做咨询，我告诉他们，这类型的孩子，除非是孩子自己愿意出来，不然我们走进去，他也只是不理我们罢了。

还有一种是老师建议休学，因为孩子的状况在学校里让老师和学校的压力都剧增，也没有更好的办法来协助孩子，所以希望通过休学调整一段时间再回去。这一类型，一般是老师已经完全找不到更好的方式了，才会侧面跟父母建议，希望他们

带孩子到专业的地方陪伴孩子变好。

无论是哪种休学方式，我都会看见父母们会经历三个阶段：刚开始是全身心接纳的，然后看着孩子拿着手机无所事事，就会爆发一些冲突，最后当他们看见自己这样爆发冲突也无济于事时，才会静下来陪伴孩子慢慢成长。

我治疗过一个孩子，见了很多心理咨询师，见了很多教育专家，叩是都没有办法解决他遇到的问题，因此人家要不劝说爸爸妈妈放弃，要不就建议爸爸妈妈带他到封闭式管理医院治疗。

我跟他见面的第一次，他就说自己要对付某位同学，怎么准备、如何动手、用哪种方式……我说，"乖乖，你看，你跟所有人都这么说，代表你一直在想办法，而没有人协助你解决问题，你才想着用这么极端的方式来处理，在曾老师这里，我有一百种办法可以处理"。

随着我们聊天的深入，我看见他很多优点，内在是个特别善良的孩子，我也看见他遇到这些事情的无力挣扎，后来我协助他该投诉投诉，该交流交流，该处理处理，终于将他的情绪给稳定下来。

在我陪伴他的两年时光里，发现孩子做决定的时候，爸爸就会变得比较固执，总是会否定孩了的决定，等到孩子暴跳如雷，他又开始妥协。我跟他说，"为什么每次都要等到不可收拾了你才妥协，那何不一开始就妥协呢，在孩子面前妥协又不会颜面尽失"。

治疗半年的时间，孩子就回归学习，但是不是回归学校，而是安安静静地学着知识，等待着升学考试。

在这两年中，刚开始，父母从我这里得到了跟其他老师那里不一样的答案，充满了希望和接纳。随着孩子反反复复的情况，爸爸情绪的爆发就随之而来，妈妈在中间像是夹心饼干。慢慢地，爸爸也看到自己的方式其实并没有让孩子更好，于是停下来，转换自己的思路开始接纳，孩子才真正走出自己情绪的困境。

我们会知道，**陪伴孩子慢下来，去找寻自己，并不是坏事**。我们陪伴的孩子，有的花了两年多才返回学校，也有的选择了另外的学习之路。这个过程中，要协助一个厌学的孩子，找到学习的积极性，那就得从他感兴趣的开始，从孩子自身的优势开始，重新陪伴孩子找到自己的梦想，再结合他自己想走的路开始新的旅程。

我从来不会保证说，一个休学的孩子经过我们的带领和咨询就能回归学校，我们只会说，陪伴孩子找到他自己，而找自己这条路本身对青春期的孩子而言就是很花精力和时间的，我们就不要总是用自己的标准去衡量孩子的人生。

就像我们说到的三个阶段,为什么会有第二个阶段?那就是当大家都在改变,孩子也会调整自我,但是看着孩子好转一点,父母的要求就来了。在这种矛盾和冲突中,孩子往往会继续"摆烂",直到父母开始接纳自己,他才开始寻找自己的道路。

当我这么告诉大家,那你就会知道,**与其去经历很漫长的阶段,不如从一开始就知道孩子是遇到了问题,需要我们的协助和帮助,然后静下来接纳他。**

当然,所有的家庭,哪怕在进行咨询,依旧会按照自己家庭的常规逻辑去处理问题,这时候我一定不会强求必须怎么样,而是让父母也去完整地经历,当他们经历完这一段路程,才会懂我说的三个阶段的含义是什么,反而也能促使父母不断调整自己的方式和态度。

那机遇究竟在哪些地方?

**首先,我们可以静下来去重新认识孩子。**为什么用上"重新"这个词语?那是因为我们很多父母给我说的孩子,和我通过孩子的沟通了解到的孩子,完全是两个人。比如,有一位妈妈跟我说,孩子内向不爱说话,可是跟我见面打开了话题之后,接近5个小时不想离开。孩子们常说的父母不懂自己,其实是真的，你们站在大人的角度，没有关心过他除了学习之外的一些"小事"，慢慢地，你们也读不懂自己的孩子了，这也是非常真实的事实。

**其次，增进彼此的亲子关系。**孩子小时候，我们工作忙碌，没有时间陪伴他。孩子长大一点，他忙碌学习，我们忙碌工作，说起来是每天交流，可是却也缺少了很多跟孩子独处、了解他的机会。直到孩子休学，很多父母都觉得不可思议，认为最近怎么突然不想去学校了？所以，这段时间大家一定会围绕在孩子身边转，朝夕相处，只要大家还有意愿去了解自己的孩子，就一定可以增进亲子关系。我常建议大家，在这段时间里，父母双方多带孩子去他喜欢的地方走一走，看一看，这也是非常好的经历。

**再次，帮助孩子调整心态。**对于休学的孩子，大多数都沉浸在"为什么是我"的痛苦之中，其实作为父母，更想问问"为什么休学的是我的孩子"。这个时期，最需要的是大家的耐心等待和持续关注，也许需要1年，也许需要2年，但是只要父母有足够的耐心，再加上自己的实际行动来改变自己的态度和言行，来鼓励自己的孩子，相信孩子可以重新回归社会和校园。

**最后，最关键的就是帮助孩子找到休学之后的方向。**在孩子休学之后，一定不要让他再继续学习了，因为他已经学不进去了。可以让他去尝试一些自己喜欢的事情，或者去体验一下工作的辛苦，这个时候的孩子是渴望得到父母支持的，而不是被强迫着去做某件事情。当孩子有了自己的人生目标，就会有动力去追求它，这个时候父母应该多给孩子一些鼓励和支持，让孩子有信心去实现自己的目标。

> 小贴士：每一件事的发生都是有缘由的，每一段路都不会白走，孩子遇到了休学之路，我们就应当协助孩子停下来，重新去寻找属于孩子自己的路。当我们发现，所有的着急都无能为力的时候，我们也就能顺其自然地接纳自己作为父母也不是万能的，那重新出发，无论是对孩子还是对父母，都是非常难能可贵的。

## ◆ 孩子有厌学情绪怎么办才好

厌学到休学之间，还有一段距离，如果父母引导得好，孩子其实还能持续上学，如果引导得不好，可能就会往休学方向发展。

我想先跟大家说一说，哪些处理方式会让孩子从厌学走向休学。

**第一种，看见孩子开始厌学，管理孩子的学习更紧。**有部分父母认为，孩子会出现厌学情绪，一定是最近管理比较松散，于是花大把的时间开始管理孩子的学习，更有甚者夫妻双方会有一方辞职专门来照顾孩子的生活起居和管理学习。

**第二种，认为孩子的厌学是无病呻吟。**孩子出现厌学情绪，有些父母会认为不应该，你就只是学习而已，你连学习都学不好，你以为我们上班会比你学习更容易啊？在这种认知之下，无论孩子说什么，他们都不会松口给孩子放松的空间，直至压不动也管不住孩子。

**第三种，找亲戚朋友求教方法。**有些父母会向身边的亲戚朋友求助，认为各位过来人总有一些方法能运用于孩子身上。

有的人会说，我们家那个那会儿也有这种情况，不要管，熬两年就好了。还有的人说，都是你们太惯着他了，实在不行就打一顿嘛。还有的人说，我们的倒是没有过这种情况，他从小到大上学都不用我们操心。这些评价，会让父母更加迷茫，到底我应该怎么做，要不这些方法都试试看，却忽略了自己孩子本身，每个孩子性格不一样，所用的方法也一定是千差万别的。

**第四种，每天都找老师沟通。** 当孩子突然提出自己不想学习的想法，很多父母的首要做法就是找老师沟通，问孩子最近有没有特殊情况，跟同学相处得怎么样。殊不知，很多孩子会厌学，都是经过了反复的思考和内在的挣扎，在这个阶段大多时候不会表现出来，找老师也只会让老师找孩子反复交流，反而让孩子变得更加烦躁，不想上学，也觉得父母伤了他的尊严。

如果你的孩子正在面临厌学，那一定不要踩上面这些坑，这时候父母如果能够理解和包容孩子，并且用我给大家总结的这些方法来处理的话，孩子还能够重新找回动力，继续保持学习而不会走向休学的。

**第一，如果孩子提出想休息，一定要允许。** 很多父母焦虑的是孩子如果请假多了，就会跟不上进度，是不是就会更厌学了。这个想法也促使很多父母担忧孩子请假，其实不然，如果孩子的确调整好了状态,回到学校里,他可以重新补起来那些知识点。如果孩子状态很差,就算坐在学校里,也并没有在听课和输入,顶多只是发呆而已,与其这样浪费时间,不如带孩子出去走一走,或者吃点好吃的,看看电影。这样给孩子一定的休息时间,他也才能说出自己最近为何会觉得有学习压力,遇到了哪些问题。

**第二,孩子提出不想做作业,一定要允许。**作业的目的是引导孩子吸收知识,当孩子提出不想做作业的时候,代表近期的学习让他觉得很有压力,那停下来不做作业,也是能够跟老师沟通的,沟通的时候告诉老师,孩子近期可能情绪起伏比较大,我们作为家长的要协助孩子调整情绪,近期的作业他如果不做,老师有没有更好的方法来降低对班级的影响。当你这么去跟老师沟通,老师也能协助父母共同想办法,陪伴孩子度过这个阶段。

**第三,当孩子提出"摆烂",一定要允许。**很多父母担心的是,孩子一旦开始"摆烂",就再也摆不回去了。其实不然,孩子们在厌学的这段时间里是迷茫的、矛盾的,他也并不想很快离开学校,他想的是,自己能够"摆烂"一两周来让自己思考一下。这时候,父母不干预,他更容易想得通,父母要是着急到全部都表现在脸上和行为上,那么他的"摆烂"也是无效的，会让他本人更加烦躁，导致他回学校的勇气直线下降。

第四，当孩子没有勇气，一定要允许。当孩子提出自己没有返校的勇气时，父母要做的是反思一下过去的那么多年里，是不是自己很少去认可这个孩子，所以他在学习上是没有成就感的。从当下这一刻开始，我们允许孩子没有勇气，还要随时随地去鼓励他。刚开始孩子对于鼓励都是不接纳的，觉得自己不配，久而久之，孩子会看见自己身上的闪光点，**重新协助孩子找到自信，只有自信的孩子才能在学习上有成就感。**

第五，当孩子反复请假，一定要允许。一直以来，我都很在乎每一个生命的绽放，当孩子们遇到了问题，我会引导父母无条件地包容和接纳自己的孩子，他会经历一个阶段的辛苦、矛盾、困惑和难受，但是只要他度过这个阶段了，就一定会成长得很棒，因为重新出发的他，已经找到了属于自己的目标和方向。我也常说，人生那么长，"浪费"一两年对孩子来说重要吗？**让孩子找到自己，才更为重要。**

第六，当孩子提出过分的要求，可以在能力范围内允许。有些孩子会因为学习而提出很多过分的要求，比如，手机完全归他所有。我常给父母讲，如果你能接纳他每天把所有时间都放在手机上，那你就允许，如果做不到，那么就还是要进行合理的拒绝和管理。还有的孩子会用自己想买的东西来告诉父母,只要你给我买这个,买那个,我就同意回去读书。在大家的能力范围内,是可以允许的,但并不是长久之计,因为孩子也会因为买得多了,变得没有生活的动力,这时候想要协助孩子变好,又要走很长一段弯路才会到达终点。

> 小贴士:厌学如果只是情绪,还没有达到休学的程度,那一切从现在开始看见孩子还来得及,协助孩子找到自我也来得及,在允许和被接纳中,孩子会看到自己身上的闪光点,也能看到父母对自己的爱。当孩子知道,在父母的眼中,原来学习并不是最重要的,我这个人本身才是最重要的,孩子的情绪和状态也会好一大半,从而他会更加平和地找寻自己的目标和方向。

## ◆ 家庭教育的最高境界，唤醒孩子的内驱力

学习内驱力是指学生自主产生的一种对学习的渴望，不需要外界的诱因，就能自发地、自主地去学习。对于青春期阶段的孩子来说，学习内驱力是他们积极投入学习中的动机。

当孩子的学习内驱力被唤醒后，他们会表现出一定程度的兴趣、主动积极的态度和克服困难的意志力，从而发动并维持学习行为的进行。

学习内驱力可以分为认知内驱力、自我提高内驱力和附属内驱力等类型。

认知内驱力是一种源于学习者自身需要的内部动机，需要通过激发兴趣、利用学生的好奇心、创设问题情境等方法诱发。

自我提高内驱力是一种个体通过自身的努力，能胜任一定的工作，取得一定的成就，从而赢得一定的家庭地位、学校地位、社会地位的需要。

附属内驱力则是指个体为了保持长者们或权威们的赞许、认可，而表现出认真学习、积极向上的一种动机。

我治疗过的一个孩子，从小练习古筝，双手特别漂亮，形象气质也偏古典，在她小学阶段和初中阶段，因为古筝收获了无数的掌声和荣誉，但是到了高中阶段，因为要参加艺考，她的师父每天都对她无比严格，加之在一次全国比赛中孩子由于表现得过于紧张而没有取得名次，她开始怀疑自己是否能够弹得好、学得好古筝，未来是否能走古筝这一条路。

孩子出现严重的怀疑心之后，停了很长一段时间学习古筝，当她再次拿起来的时候，是因为她自己想要考好，想从事跟古筝相关的职业，想考跟古筝相关的大学。

后来在集训的时候，被老师们批评和打压，自己内心的信念和信心又崩溃了，认为自己是不行的。在这种怀疑之下，她的情绪起起伏伏，状态也不是很好。

直到她把艺考考完，以全省前100的成绩给她十几年的学习生涯交了答卷。

很多人都不理解，孩子们的内驱力是那么容易被打击的吗？不，如果孩子以前一直有成就感，有一天学习的成就感开始降低，就会给孩子带来很多落差。还有的孩子一直就没有得到过认可，所以也不谈收获过什么成就感，想要这类型的孩子在学习上有内驱力，那等于是把孩子经历的时光重来一遍。

**家庭是塑造孩子最好的地方**，一个好的家庭是有助于挖掘孩子内驱力的，这种内驱力就是父母的眼睛里都是孩子，孩子的进步一点点都能看见，随时随地都能鼓励孩子，孩子做错了也没有关系，孩子做对了会得到肯定。

那怎样来唤醒孩子的内驱力呢？

第一，用心关注孩子的成长细节。学习和生活、交友和待人接物、做家务和生活能力各个方面都包含在这里面，因为孩子未来要融入社会，那就得是个完整的人，他需要很多方面的自信心支撑起他在未来社会上的一切能力，所以我们要关注孩子的成长细节，在这些细节中及时给孩子肯定和认可，让孩子看到父母随时在关注他的成长、认可他的成长。

第二，培养孩子的自我责任感。让孩子意识到自己的行为和决策会影响到自己的未来，从而激发他们的自我责任感。父母可以在日常生活中给孩子一些自主决策的机会，让他们感受到自己的能力和重要性。同时，父母也要引导孩子对自己的行为负责，让他们明白自己的选择会产生相应的结果。

第三，鼓励孩子追求自己的兴趣和梦想。当孩子对某件事情产生浓厚的兴趣时，父母应该鼓励他们去追求，而个是强迫他们走传统的道路。因为只有在追求自己真正喜欢的事情时，孩子才能真正发挥出自己的潜能，从而激发他们的内在动力。

第四，建立良好的家庭氛围。一个充满爱和支持的家庭环境有助于孩子建立自信和积极的心态。父母应该尽量避免在孩子面前争吵或批评对方，而是以身作则，展现出积极、乐观、互相支持的态度。同时，父母也要给予孩子足够的关爱和支持，让孩子感受到家庭的温暖和力量。

**第五，适时地支持和引导。** 当孩子遇到困难和挑战时，父母应该适时地给予支持和引导，帮助他们克服困难，增强自信心。同时，父母也要注意不要过度干预孩子的成长，让他们有足够的自由去探索和发现自己的兴趣和潜力。在支持和引导的过程中，父母也要注意方式，以鼓励和启发为主，避免过度批评或打击孩子的积极性。

在本章中，我给大家区分了厌学和休学，也从不同的角度分析了原因和方法，说到内驱力很重要，它背后隐藏的自信心和成就感更为重要，有很多成年人，终其一生都在寻求自己父母的认可。

就像我有一位36岁的来访者，来到咨询室的第一个问题是，我怎么可以跟我的父亲断绝父子关系。在后续的咨询中，我了解到他的父亲从来没有认可他一句，每一次不管他做什么事情都是批评和指责，导致他自己根本没有信心来面对他的人生。

他的孩子跟我的孩子一样大，可是他认为自己没有办法做好一个父亲的角色,他对自己充满了否定和不认可。

　　看到这样的他,我希望所有的父母们,都能从看到这本书开始,多给孩子一些认可和鼓励,正如网络上红极一时的话:"他只是做错了题,又不是做错了人。"

> 　　小贴士:父母是孩子成长路上的绊脚石还是打气筒,是不需要父母去认为的,而是要让孩子认为。这时候我们就会发现,原来孩子的内驱力跟我们的教育模式息息相关,如果我们能早一点知道,塑造孩子的内驱力就是给孩子自信心,让孩子看见自我能力和学习力,也让孩子感受自己是一个可以做决定且去执行的人,那也许,每个孩子都不会被困在缺失学习内驱力的当下。

[第五章]

心理健康:
青春期孩子心理疾病高发,
预防大于治疗

大家看到这里，也知道我为什么会走进家庭心理咨询行业，也知道我当中举的大部分案例都是有心理疾病的孩子，我常想，要是在这些孩子们还没有生病的时候，父母就能引起重视，那也许是完全不一样的局面。

当然，也有很多父母问我，为什么当代的青春期孩子会更容易患上心理疾病？

我说，这不是当代，其实一直以来，心理疾病都是常见的心理问题的深化，只是大众的认知还停留在难以启齿和害怕别人知晓，所以很多问题就被大家忽视了。年轻一代的孩子们，他们得到的物质条件是很丰富的，接触信息的渠道也很丰富，对于精神世界，他们比我们更需要关心和爱。

纵观我咨询的所有家庭，父母真的很爱他们，可是他们依旧会遇到心理疾病，那是因为爱的频道和方式也许并没有统一。孩子身上反馈出来的心理疾病，有一部分是教养者的反馈，也有一部分是时代造就的，还有一部分是社会发展到一定的进程引发的，这些问题的凸显才能让我们引起重视，重新去思考我们如何能真正"少年强则国强"。

在这一章中，我将会从青春期孩子常见的心理疾病出发，寻找原因，寻找解决方法，寻找预防大于治疗的方案，引导大家都重视孩子的心理健康，而不是"讳疾忌医"。

## ◆ 孩子常见的心理疾病类型

在这里,我先对几种我们常见的青春期孩子心理疾病做个普及和解释,让大家了解这些病症到底是什么,对孩子会有哪些影响。

### 1. 抑郁症

抑郁症是一种常见的心理疾病,表现为持续的情绪低落、兴趣丧失、精力减退等症状。在青春期,孩子们面临着学业、社交、自我认同等方面的压力,容易引发抑郁症。抑郁症会对孩子的身心健康产生负面影响,从而影响学习和社交能力,甚至可能导致自杀。

有一个初中阶段的孩子,刚开始不舒服的时候,回家反复跟父母说自己想去看心理老师,父母认为孩子只是想用这种方式逃避现实,所以他们反复给孩子讲道理,让他坚持,熬过初中,上了高中就好了。后来,孩子再难受都没有回家讲。

直到父母发现孩子的状况时,他满手都爬满了小伤口。这时候父母才着急带他去医院就医。

抑郁,看起来有一些潜伏期,实际上,抑郁也分为抑郁情绪和抑郁症状，如果只是情绪，我们耐心地陪伴、聆听孩子，帮助孩子分析问题，允许情绪的存在，那孩子会很快把这样的情绪消化掉。如果我们没有引起重视，那就会往病症方向发展，这时候才会进入比较磨人的阶段。

2. 焦虑症

焦虑症是一种常见的情绪障碍，表现为持续的紧张、不安、恐惧等症状。在青春期，孩子们面临着更多的不确定性和变化，例如，升学、社交关系等，容易引发焦虑症。焦虑症会影响孩子的心理健康，导致失眠、注意力不集中等问题，从而影响学习和社交能力。

有一个高中的孩子，每次考试之前就紧张得手心冒汗，心里就像有东西在挠她似的，开始考试的时候就耳鸣，听不见考试内容、注意事项和听力题目，考试成绩越来越差。

她跟父母表达自己的状况，父母认为孩子这是在逃避自己学习成绩下降找的借口，于是给她加了更多的补习班，导致孩子后来出现明显的幻觉，最严重的一次，她看见很多人在她家里走来走去，这时候孩子描述得绘声绘色，父母才引起重视。

3. 强迫症

强迫症是一种常见的焦虑症，表现为反复出现强迫思维和行为，例如，反复检查门窗是否关好、反复洗手等。在青春期，孩子们可能会出现对某些事物的过度关注和担忧，引发强迫症。强迫症会对孩子的日常生活产生负面影响，影响学习和社交能力，甚至可能导致抑郁和焦虑等心理问题。

我陪伴的强迫症最严重的一个孩子是，每天要洗上百遍手，究其根源，是小时候他的妈妈走到哪里都会给他带着酒精喷雾、手套，随时都在给他擦手，反复强调这样脏、那样不舒服、这样不干净、那样不能碰，导致孩子长大之后出现了严重的强迫症，严重影响孩子的正常生活。

**4. 社交恐惧症**

社交恐惧症是一种常见的心理疾病，表现为对社交场合的强烈恐惧和回避。在青春期，孩子们开始更加关注自己的形象和他人的评价，容易出现自卑和焦虑等问题，引发社交恐惧症。社交恐惧症会影响孩子的社交能力，影响人际关系的发展，甚至可能导致孤独和抑郁等问题。

有个孩子的妈妈，每次带孩子出去旅行，就要求孩子必须去跟那些陌生人交流聊天，自己去点菜，安排住宿和行程，可是随着他长大，他越来越惧怕人多的地方，想到妈妈让他去跟陌生人交流，他就害怕、恐惧，甚至满头大汗。

后来我协助他的时候，他已经是不愿意出门，只在家里待着，只要走出家门，看见很多人他就会呼吸急促、紧张和难受。

究其原因,有很大一部分跟妈妈强制要求他去跟陌生人交流有关,每一次交流不好,妈妈就会当着所有人说他,有时候会换来大家大声的嘲笑,有时候会换来其他人大声说没关系,可是这些,都让这个孩子无比窘迫。

**5. 双向情感障碍(bipolar disorder,BD)也称为躁郁症**

这是一种复杂的心理疾病,来访者在发病时,会出现情绪极度高涨和极度低落,这两种情况会反复出现。

当来访者处于躁狂状态时,他们会感到异常兴奋、自信心爆棚、自我感觉极度良好,甚至会出现妄想和幻觉。他们可能会表现出极度的活跃,不停地讲话,难以停下来,并且往往伴随着冲动行为。这种情况下,来访者的睡眠需求会减少,食欲和性欲增强,注意力难以集中,思维快速跳跃。

当来访者处于抑郁状态时,他们会感到情绪低落、沮丧、绝望,失去对生活的兴趣和快乐。他们可能会长时间感到疲倦,注意力、思考能力和决策能力受损。

有双向情感的孩子在自己暴怒地发过脾气之后会问我,曾老师,我真的有爸爸妈妈说得那样恐怖吗?我是发了脾气吗?他发脾气、砸东西,将家里弄得一片混乱,可是清醒之后看着满地狼藉，他会变得无措、难受和自责。

这类型的孩子在两种情绪中来回切换，患上这类型心理疾病的原因就很复杂了，其中有一条比较明显的是，父母双方的教育方式完全不统一，这种分裂感带给孩子的，就体现在逐渐出现的矛盾和怀疑上，在往抑郁症和焦躁症发展。

### 6. 暴食症

暴食症是一种常见的心理疾病，表现为无法控制的进食行为，常常伴随着对体重和体型的过度关注。在青春期，孩子们面临着身材和外貌方面的压力，容易引发暴食症。暴食症会对孩子的身体健康产生负面影响，导致肥胖、消化系统问题等，也会影响心理健康和人际关系。

### 7. 分离焦虑症

分离焦虑症是一种常见的心理疾病，表现为对与亲人分离的强烈恐惧和焦虑感。在青春期，孩子们开始尝试独立和自主，但同时也面临着更多的不确定性和挑战，容易引发分离焦虑症。分离焦虑症会影响孩子的日常生活和学习，影响社交能力和自我发展。

### 8. 身体形象紊乱症

身体形象紊乱症是一种常见的心理疾病，表现为对身体外貌的过度关注和不满。在青春期，孩子们开始更加关注自己的外貌和形象，容易出现自卑、焦虑和抑郁等问题，引发身体形象紊乱症。

我常说，父母是作为孩子的第一监护人，也是这个世界上最不想失去孩子的人，那对于孩子的情绪变化和行为变化最应敏感，可是我们的父母大多时候都会对青春期孩子充满怀疑，从而错过了预防大于治疗的时间段。

负面情绪是每个人都会遇上的，比如，抑郁情绪、焦虑情绪，如果处理得当，并不会往病症方向发展，如果没有引起重视，可能就会往病症方向行进。

> 小贴士：心理疾病比各位家长愿意半夜带着孩子长时间排急诊的感冒发烧更有隐藏性，也更需要重点关注，大家要掌握一些心理信号识别的基本信息，能及时给孩子以帮助，那基本后续严重的问题就不会发生。我们没有办法人人都成为心理学家，但是我们有办法成为多一个"心眼"的父母，用发展的眼光去看待青春期的孩子，发现就是成长。

## ◆ 孩子心理疾病频发怎么办

心理健康问题，已经成为我们所有人都需要关注的问题，并不是只有孩子身上才存在这个问题。

孩子们，不过是心理疾病频发的一个投射，只是为了让所有人看见我们需要懂一些心理学知识，能够提前做到发现和引导，减少心理疾病患病的可能性，也就能让更多的青少年减少这方面的困扰。

在我接到的因为心理疾病而没有去学校的孩子中，最小的9岁，他随时都看到墙上画里的人对着他笑，只要发生了问题，他就会用头撞地，嘴里会说自己不对，自己错了。

探究原因，跟爸爸酒后长期打他有关，酒醒之后爸爸又反复告诉孩子我是为了你好，又是道歉又是哭，如此导致孩子长期处于自我压抑的紧张之中。

所以，心理疾病的发生究竟有哪些原因？我协助大家做好原因的分析，这样大家就可以从自己孩子的变化中去发现，但凡觉得情况不是很好，就可以引起重视，去请专业的老师进行疏导。

1. 家庭原因

父母是孩子的第一任老师，家庭是孩子的第一所学校。有一些家庭的类型有可能容易导致孩子患上心理疾病，那我先从家庭养育模式和父母养育方式来进行分析。

（1）父母双方或者一方要求高、强势，要求学习至上。这类型的家庭里，孩子对学习的成就感会比较不足，因为只要没有考好，父母就会责怪，孩子常年在负面情绪的打压中，所以孩子只要遇到比较大的学习问题，都会出现情绪崩溃的情况。

（2）父母一方或者双方有严重的焦虑。焦虑是无形传递的，这种焦虑不仅仅体现在生活上，还会体现在学习上、与老师同学相处上。在面对青春期孩子的时候，反复念叨和啰唆会让他们的情绪变得特别不稳定，长此以往，他们也会往焦虑或者抑郁方向发展。

（3）夫妻关系不和谐。夫妻之间经常吵架，给孩子营造了一个乌烟瘴气的环境，就像曾经有一对夫妻在我的办公室里从上午九点吵到下午五点一样，中途他们还带我共进午餐，吃饭的时候有多和睦，结束了到办公室就有多剑拔弩张。在这种环境之下，孩子要不就在学习上报喜不报忧，要不就撒谎来规避自己的责任，严重的就会往心理疾病方向发展。

（4）教育理念完全不统一。有一个家庭，妈妈觉得手机必须管理，给孩子收起来，爸爸觉得手机是可以给孩子的，也可以允许他玩游戏，于是爸爸就悄悄给孩子买一个。东窗事发之后，两个人天天大吵，妈妈揪着孩子不放，在这种状况之下，孩子过渡到了心理疾病。

（5）不给青春期孩子留颜面。我咨询过一个五年级的孩子，他因为喝酒，胃出血住院，原因之中有非常重要的一条是，妈妈喜欢把他的情况给身边的所有人讲，亲戚朋友每一次见到孩子都说，你妈妈把你养这么大不容易，你要听话。遇到学校请家长，他们就轮番上阵跟孩子讲道理。青春期孩子很需要颜面的，他们的自尊心也很强，如果长期被父母以外的人评价，会导致他们的情绪变得非常不稳定。

（6）语言暴力。"你怎么不去死""你就跟个废物一样""你个猪脑子""你怎么这么笨""是个人都比你好""你太让我失望了"，读到这些话，你觉得窒息不？如果我告诉你，这是来自一个爸爸对孩子说的话呢？所以长时间的口不择言，就像是一枚定时炸弹，会毁掉孩子的心理健康。

（7）只有否定，没有肯定。孩子常说，我考95分，他们一定会问我还有5分去哪里了。做家务，会跟孩子说，你总是什么都做不好。做作业，会跟孩子说，你真是没有带智商出门。这些话随时随地都在否定孩子，到了青春期，孩子在寻找同一性中，就会对自己充满了矛盾，容易过渡到心理疾病。

（8）极度地不相信孩子。有个孩子早恋，妈妈跟踪女儿，逮到之后当场就要报警，俩孩子当着很多人跪下来求她，她给的条件就是分手。最后，俩孩子是分手了，可是女儿从那时候开始不去学校，把自己关在家里，往抑郁方向发展了。这个事件是个导火索，她经常做的就是跟踪，跟丢了就20分钟一个电话。这样对孩子的极度不信任，是孩子患上心理疾病十分重要的原因。

（9）永远只站在别人的角度。当孩子在学校遇到了问题，总是站在老师和同学的角度教育孩子不对，长此以往，孩子根本感受不到父母是爱自己的，进入青春期，开始对父母产生意见，就会有往心理疾病方向发展的可能性。

（10）二胎家庭的矛盾。当很多家庭有了老二之后，老大的心思就会变得敏感，如果父母在处理两个孩子成长的冲突时没能学习好一碗水端平，经常去当判官，指责大的总是不让着小的，那孩子也容易往心理疾病方向发展。

### 2. 学校原因

学校是孩子们每天待的时间最多的地方（除了睡觉），跟老师和同学的相处就像是一个浓缩版的微型社会，孩子们每天除了要面对学习，还要面对人际关系，随时随地处理问题。所以在心理疾病发生的一部分原因里，学校因素也是不容忽视的。

（1）教师长时间的指责和批评。有一类孩子，他们可能处于中等偏上的水平，老师就会对他们抱有期望，反复批评和指责，孩子们也会觉得挫败，"我已经很努力了，甚至比有些成绩好的孩子还要努力，为什么我总是做不好"，所以容易导致这类型的孩子发展为心理疾病。还有一些智商高的孩子，长时间得到的是肯定，但有一两位老师总是揪着这个孩子的问题不放，在这种强烈的落差冲击中，也容易向心理疾病发展。

（2）教师的情绪不是很稳定。有孩子跟我描述自己的老师，上课到中途突然就号啕大哭，说自己很难过，然后让课代表上去上课，那位老师的行为还不止一两次。在这种情绪不稳定之下，孩子们跟他发生一丁点小事，就会闹得很大，他愤怒、难受，所以跟孩子们冲突很大。长时间的冲突，也容易让孩子在这种高压的环境下向心理疾病发展。

（3）教师提前跟孩子谈"分流"。有些老师为了班级升学率，会提前找一些孩子交流"分流"到职高和职业学校的事情，有的孩子会备受打击，可能会向心理疾病发展。

（4）教师的语言和行为暴力。一如我们在分析父母的时候一样，父母说过的那些话，有的老师也会对孩子们说此类型的话，不同类型的孩子感受不一样，敏感且内在自信不够的孩子,更容易对号入座。一旦埋下自己跟老师之间的关系矛盾,那么后续有很长一段时间孩子的情绪都会比较暴躁,容易发展成心理疾病。

(5)老师随口一说的"事实",孩子感受到的是冤枉。青春期孩子特别讨厌别人冤枉他,所以不管是老师还是家长,冤枉孩子都会让孩子带着很深的情绪,也容易导致青春期孩子的想法变得极端。

**3. 社会原因**

家校社三方协同育人,国家提了很多年。社会本身对孩子们的成长也起着至关重要的作用,所以社会中的一些文化发展、科技发展都会给孩子们带来一定的影响,那我们一起看看当前的社会环境给孩子们带来的心理健康方面的影响。

(1)维特效应的产生。当代社会信息零乱,孩子们接触信息的渠道又十分宽广,所以孩子们自己也会不停地看相关信息,当看到报道说他人通过什么方式来结束自己的生命,孩子们很容易进行模仿,这是社会型维特效应产生的原因,所以,父母不能避讳跟孩子谈论社会性事件,从对事件的讨论中来了解孩子的观点,及时引导很重要。

(2)网络信息发达。很多孩子在网络上会有自己的习惯,但是对于抑郁和焦虑的孩子来说,反而喜欢看一些比较消极的信息，越看越愤怒，这对他们的很多认知会带来很深的影响，大数据不停地给他们推荐相关内容，也会让有些孩子在相关信息里无法自拔。

（3）社会大众对心理疾病的认知偏差。有很大一部分人对心理疾病的认知是存在偏差的，比如，有人会觉得孩子们这是心灵空虚，或者认为孩子们这是以此方式来威胁父母；还有的人认为这没什么大不了的熬一熬就过来了；还有的人认为心理疾病就是精神病。所以，很多孩子出现了心理状况，跟父母交流了引不起重视或者父母重视了会得到很多旁人不好的评价，导致错过一些关键的引导节点。

（4）同伴对孩子们的影响。当孩子出现抑郁或者焦虑等情绪，每天会有糟糕的情绪围绕自己，吸引来的朋友基本上会跟他一样进行吐槽和沉浸在伤心难过中，有的孩子还会在网络上寻找相关的朋友，在共鸣之间，有些孩子的心理疾病进程发展得更为迅速。

（5）社会事件和大众观点给孩子的影响。青春期孩子有比较强的正义感，会跟随自己的认知来看待社会事件，有情绪波动很大的孩子看见社会事件的进程或者网友们的观点，会加深他对有些事情的不满，从而导致加深心理疾病的状态。

小贴士：家校社是一个大的整体，家庭是青春期孩子的根本，当我们从原因之中去审视这些孩子的心理，父母不得不开始反思，到底我对我的孩子是否足够了解。懂得孩子，能更进一步走进孩子内心，被爱围绕的孩子，不会发展得太差。

## ◆ 比起孩子，家长更需要改变

有一次我去父母课堂讲座的时候，我说，"当前有很多父母病了，把药拿回来给孩子吃"。下面很多家长点头。

就像有一句话所说，他知道自己病了，他知道他的知识，但就是把他的知识屏蔽。

"曾老师，我家孩子天天只想待在家里，不出门，什么事情都不干，房间就跟狗窝一样，我要怎么带他来见你？"

"青春期的孩子并不会因为你想安排就见，你可以跟孩子说我们去见一位家庭教育老师，共同看看父母在教育中哪些地方有问题。"

"上次我跟他提了一下，他很激动地说自己没病，是我病了，是我需要看。"

后来，在这位妈妈反复努力之下，将孩子带来见我，我跟孩子沟通了两个多小时，我发现的确不是孩子的问题。孩子有自己的想法，最近想休息，也只是想休息一段时间，内在的认知没有偏差，但是妈妈那种扑面而来的窒息感、焦虑感，随时都围绕在孩子身边，他不得不开始用大吼大叫、摔东西来进行反抗。

我跟这位妈妈交流一个多小时，我插不进一句话，这种明显地沉浸在自我世界中的教育理念，我当场就给这位妈妈指了出来。

有时候，因为孩子失去掌控，父母会觉得很痛苦，反而在这时候更容易听得进去建议，梳理了孩子的一切心理轨迹之后，我重点跟妈妈说，"你比起孩子来说，更需要做咨询"。

后来孩子跟我说，幸好我当时跟他妈妈重点交流，才让妈妈的情绪开始好转起来，自己的压迫感就没有那么重了。

为什么会说到"生病"了的孩子背后站着一个"生病"了的家长呢？并不是说，大家患上的是实质性的病症，而是一种情绪，一种处理方式，一种急切的性格。

在现代社会的快节奏下，许多家长在面对孩子教育时都陷入了过度焦虑的旋涡。他们的内心深处，总是充斥着各种担忧：担心孩子的学习成绩是否优异、担心孩子未来的职业道路是否顺畅，甚至担心孩子在生活中是否会受到不良影响。这种持续不断的焦虑情绪，就像一把无形的枷锁，牢牢地束缚着孩子和家长双方。孩子在焦虑中感到无助和迷茫,而家长则在焦虑中失去了往日的平和与冷静。

与此同时,许多家长还容易陷入过度控制的泥潭。他们希望孩子能够按照自己设定的轨迹成长,似乎只有这样,孩子才能避免走弯路、受伤害。但这种过度的控制欲,不仅剥夺了孩子的自主权,也使得家庭关系变得紧张和压抑。孩子仿佛成为了家长的附属品,无法自由地展现自己的个性和才华。

更令人担忧的是,很多家长抱有过度期望的心态。他们希望孩子能够在人生中大放异彩,甚至期望孩子能够超越自己,成为家族的骄傲。这种期望无疑给孩子带来了巨大的压力。他们不仅要面对学业的重担,还要承载着家长的厚望。长此以往,孩子可能会不堪重负,而家长也容易陷入失望和沮丧的情绪中。

因此,我们必须认识到,在家庭教育中,家长的角色至关重要。大家需要学会调整自己的心态,保持适度的焦虑、控制和期望,只有这样,才能为孩子创造一个宽松、和谐的成长环境。家长应该给予孩子足够的自由空间,让他们能够自由地探索和发展自己的兴趣和潜能。同时,家长也要关注自己的心理健康,学会释放压力和调整情绪,才能更好地陪伴孩子成长。

我在讲幼儿段家庭教育课程中，会遇到很多父母表达自己的焦虑，怕自己带不好孩子，怕孩子受到自己情绪的影响，自己不想用原生家庭父母的方式来处理与孩子的关系，但是在生气和愤怒的时候，却又会陷入与父母一样的模式中。

在讲小学段家庭教育课程中，大家表达焦虑的方向就不一样了，害怕孩子作业不做完，反复讲几次都不会，孩子顶嘴会让自己的情绪起伏很大，有时候因为辅导作业导致自己血压飙升，如果孩子在学校犯了错，特别担心被老师点名批评或者请家长。

在讲青春期初中段家长课的时候，大家表达的焦虑在于孩子玩手机游戏，不收手机，根本沟通不了，一说点什么就有情绪，感觉教育模式特别死板，而且只要不满足孩子，孩子就会跳起来，这时候自己的情绪也特别容易被孩子点燃，导致家庭氛围十分紧张。

在讲青春期高中段家长课的时候，大家表达的焦虑在于高中了孩子还没有自我规划、没有安排、没有计划，不收拾自己的房间，贪玩，担心考不上好的大学，但是孩子又讨厌啰嗦和念叨，大家就忍耐，忍着忍着就会在某一些时间节点爆发出来。

大家会发现，我们所有年轻一辈的父母本身就在选择"逃离"，逃离那个属于自己的原生家庭。很多人都不想用父母对待自己的方式来对待自己的孩子，也就意味着，其实我们年轻父母这一辈在青春期的时候，也曾遇到过心理问题。

有的人熬一熬，在成年之后自愈；有的通过成年之后的另一半自愈；还有的只是将自己的内在隐藏起来，在成年以后的某一个时间段爆发出来。

我们再看目前有些老年人，固执中带着各种暴躁的情绪，这样看起来，其实心理的问题只是以前认知不太高而已，并不代表不存在，孩子们好似成为了成年人的镜子，在映射大家出现的问题。

有时候，我在做这个家庭咨询的时候，也会从爷爷奶奶、外公外婆的角度去了解，他们大都心疼孙儿孙女，不像对自己的儿女一般有自己的底线，却也有自己的判断，觉得孩子出现相遇到这些问题，都是无病呻吟。

所以，写这小节的最主要的目的就是让大家引起对自己心理健康的关注，作为成年人，给大家一些方法来调节自己的情绪状态，如果遇到跟孩子相关的情况，不妨让自己静下来，慢慢地进行放松和思考，等自己足够放松和了解孩子，有些问题就会迎刃而解。

（1）每个成年人要有自己的生活圈。我们有些父母围着孩子转，没有自己的兴趣爱好和交友圈，当孩子遇到问题的时候，当孩子指责父母曾经种种时，大家会觉得自己孤独又无依无靠。所以，无论多少岁，我们都要有自己为之保持兴趣爱好的东西，同时还要有自己的生活圈子，想要静一静的时候，能有三两好友陪自己畅谈人生。

（2）成年人可以找寻缓解情绪的方式。有时候，我们的情绪不够稳定的时候，说出去的话，对孩子或者爱人都是很深的伤害。那不妨在这时候思考，自己如果情绪起来了，是出去走一走还是看一场电影或者运动一场能够缓解自己的情绪，在所有情绪的制高点，让自己停下来，往往也能减少伤害。

（3）让自己保持一项持续的运动。我们都知道运动能促使人分泌"快乐因子"，持续的运动也是给孩子做一份示范，让孩子看见父母的韧性和坚持，同时，在运动之中来缓解自己遇到的焦虑事件和伤心难过的事件，也会让自己舒缓下来。

（4）允许自己哭。无论是男人还是女人，如果觉得自己难受，是可以通过哭来缓解自己的情绪的，在这种情况之下，孩子们也可以通过哭来了解有情绪是正常的，接纳自己哭也是正常的，哭过再来处理情绪也会是更好的缓解情绪的方式。

（5）允许自己做个孩子。我们很多成年人的内心都住着一个曾经没有被关爱到的小小孩，当自己的心理状态不佳的时候，可以允许放出这个小小孩，愉快地玩耍、吃吃喝喝、逛街溜达，甚至去游乐园疯一天。

小贴士：成年人关注自己的健康，养成健康的生活习惯和行为方式，才能实现自我的心理健康。保持乐观的情绪，及时排除不良情绪，有坏情绪时适当释放。

## ◆ 梳理这五大关系，孩子会好起来

从 2013 年开始，我就在研究五大关系对孩子成长的影响，即夫妻关系、亲子关系、隔代关系、家校关系和家社关系。大家看到我将这五大关系写出来，也知道各有各的占比。当我们青春期的孩子遇到了暂时过不去的坎儿，遇到了心理问题，我们可以从这五大关系的梳理之中找到孩子的支撑点，给他们以力量。

按照这十多年以来我们的累计数据分析，夫妻关系给孩子带来的影响占 35%，亲子关系给孩子带来的影响占 25%，隔代关系给孩子带来的影响占 10%，家校关系给孩子带来的影响占 20%，家社关系给孩子带来的影响占 10%。

就像夫妻关系是家庭关系的首位一样，它为孩子提供了稳定和爱的环境。在青春期，孩子们面临着许多挑战和困惑，他们需要感受到来自父母的稳定和支持。因此，良好的夫妻关系可以为孩子提供情感上的支持和安全感，帮助他们更好地应对青春期的挑战。

夫妻之间就可以从这几个方面来梳理彼此之间的关系。

（1）找一找夫妻之间过去对待孩子方式的分歧点。夫妻之间有教育分歧是必然的，没有夫妻能做到完全统一，当孩子遇到了问题，我们就可以梳理一下过去对待孩子的哪些分歧点可能是给孩子带来了不好而长远的影响。例如，孩子喜欢玩手机，妈妈认为手机不能给孩子，所以强制地收手机不给孩子，而爸爸却认为青春期的孩子玩儿手机没啥大问题，买一个交给孩子，当孩子妈妈发现这个事情，家庭因此而爆发争吵，让孩子对父母双方都十分失望，从而导致孩子的情绪变得非常糟糕。

（2）夫妻双方的关系有没有给孩子带来幸福感。幸福感是指两个人之间的彼此关爱，给孩子带来和谐有爱的家庭环境，如果是单亲或者离异，那就梳理一下这段关系的结束，曾经有没有过度要求孩子必须要好，好似要争口气一般，然后再梳理自己曾经在什么时候、用什么方式带给孩子幸福感。比如，孩子回家和父母描述自己吃了什么东西，很难吃，妈妈说，"那你为什么要吃那个东西呢"，爸爸说，"你拿着钱，还是不要去买那些垃圾食品，对身体伤害很大"。看起来非常小的一件事，却会让孩子认为你们不懂他到底要说什么，他觉得在日常生活中是不幸福的。

（3）如果一定要有"黑脸"，那另一个人是否是"红脸"。孩子最怕的是，一方说自己不好，另一方就一直帮腔，我们在梳理中如果觉察了这个部分，可以给彼此做一个简单的分工，决定一下彼此在亲子关系中的角色。如果是单亲，那我们就只需要在这时候给孩子所有的爱和理解，让孩子看见爱本来的样子。比如，孩子在学校被批评，妈妈开始数落孩子，爸爸在旁边一直说，"你妈妈说得对，你老师说得对，你就是应该反思和觉察"。那孩子的感受是，我已经很难过了，你们却还要双倍输出指责与批评，伤害也是加倍的。

亲子关系也对孩子的成长产生深远影响。父母与孩子之间的沟通和互动方式，将直接影响孩子的心理健康和成长。父母应该倾听孩子的想法和感受，理解他们的需求，给予他们适当的指导和支持。同时，父母也要尊重孩子的个性和独立性，培养他们的自主意识和责任感。

亲子关系是家庭关系的第二大关系，我们在亲子关系中主要梳理以下这几个点。

（1）是否允许孩子做决定。青春期孩子对自己会有很多探索和寻找，只要保证孩子安全，又是父母力所能及的方面，就允许孩子多做决定，如果这一点过去没有做到，那从现在开始，多让孩子做决定。比如，一个孩子在初二的时候，妈妈劝说他补习语文，第一次问孩子，孩子说自己不补。第二次问孩子，孩子说不补。第三次问孩子，孩子说不补。第四次问孩子,孩子受不了妈妈这样反复的说服,选择补。后来孩子在补课的过程中经常请假,妈妈认为,是孩子自己选择要学的,他现在却这么不负责任不认真。一定要做决定,并不是父母用自己的决定反复去打碎孩子的决定。

(2)是否有培养孩子的兴趣爱好。孩子永远不可能像一个没有感情的机器人一样学习,让孩子对生活报以热爱,培养兴趣爱好也是非常重要的一环。比如,孩子爱好收集,他一定会花时间走出门去逛街、收集、购物,这些兴趣爱好会促使孩子哪怕遇到大的困难,也有良好的方式进行减压。

(3)是否发现孩子的长处。长处意味着父母给孩子的肯定和认可,有些父母待到孩子青春期,基本找不到孩子的优点,这便是最大的问题。一个孩子在我们的教育培养之下,逐渐没有了所有的优点,可以想见父母总是批评孩子,正如我给大家找的心理疾病成因里的一样,孩子长期被否定,一定会出问题。就像我让很多父母写孩子的5个优点,他们抓耳挠腮地写不出来是一样的,当我们内在对孩子的评价都是负面的,那么最后,孩子得到的反馈信息就是负面的。

(4)是否还保持着眼睛里的光亮。孩子们不是学习机器,也没办法做到只谈学习,让孩子是否保持着眼睛里的光亮和热爱,是父母应当在亲子关系中去觉察和反思的问题。比如,孩子在幼儿园和小学的时候，经常蹦蹦跳跳地跟我们讲话，到了初中，慢慢失去了眼睛里的光亮，这代表着孩子的状态不是很好，需要引起父母的重视。

**隔代关系也是家庭关系的重要一环。**祖父母和孙辈之间的互动，可以给孩子带来更多的关爱和支持。然而，不同的家庭情况可能会有不同的隔代关系影响。有些家庭中，祖父母可能会过度溺爱孩子，导致孩子缺乏独立性和自主性；有些家庭中，祖父母可能会与父母的教育理念不一致，导致孩子产生困惑和矛盾。因此，家庭成员需要共同协商，统一教育理念，以更好地促进孩子的成长。

隔代关系中，父母应该去梳理以下几个点。

（1）是否教育理念统一。教育理念没有办法完全统一，但是要在底线原则上有基本的统一。如果祖辈比较溺爱孩子，没有办法做到管理，那在条件允许的情况下，和祖辈分开居住也会给孩子带来比较好的成长。如果做不到分开，那父母是否有把教育的方向盘牢牢地把控在自己手里。

（2）是否有带给老人价值感。需要老人在管理孙辈的过程中越来越好，不是通过指责达成的，因为老一辈的人往往需要价值感，特别是进入老年之后，他们也会怀疑自己是否可以，自己还有没有价值，所以让他们觉得自己是有价值的，非常重要。

**家校关系和家社关系也对孩子的成长产生影响。** 学校是孩子成长的重要场所，而社区则是孩子生活的环境。家庭、学校和社区之间的互动和合作，可以为孩子提供更全面的支持和帮助。家长应该积极参与学校的教育活动，了解孩子在学校的情况，同时也要关注社区资源，利用社区力量为孩子提供更多的发展机会。

家校关系和家社关系中，父母应当去找寻以下这几点。

（1）家校沟通的方式。如果一味站在老师的角度批评数落孩子，是会让孩子感受不到价值感和归属感的，所以，在青春期孩子的家校沟通中，不能太过于频繁，老师沟通问题的时候，也要尝试着站在孩子的角度去理解，并且跟孩子确认之后，再回应老师。

（2）家校之间的配合。家校配合不是说只是家长和孩子配合学校，而是我们也要积极地跟学校沟通孩子遇到的问题，向老师请教方法。

（3）孩子对学校和老师的看法。有些症结点在学校，我们就可以耐心地等待孩子心情平和的时候，跟孩子沟通他对于老师和学校的看法，找到症结点，再想办法破解困局。

（4）家丑不可外扬。家里任何鸡毛蒜皮的小事，都不应当拿出去在亲朋好友之间说，因为大家的评价有时候会成为压垮孩子的一根稻草，我们要特别注意，有疑惑和困惑的时候找专业人士来求助。

> 小贴士：五大关系伴随着我们人一生的成长，处理好这五大关系，也是维系孩子内在幸福感的关键，有时候梳理清楚了五大关系，我们也就找到了孩子问题的关键，解决方法就在我们的反思觉察中。
>
> 青春期孩子心理疾病的频发其实是一个信号，告诉我们需要看见和读懂这些孩子们了。

[第六章]

"网瘾少年":
孩子沉迷手机,家长何去何从

说到手机，这是困扰很多父母的话题，我每一年接到关于手机如何管理的问题基本以万起步，也就是说，大家都会在手机问题上跟孩子发生矛盾和摩擦。

我曾经咨询过的一个孩子，休学在家之后，每天醒来就开始玩游戏，只要断网或者妈妈要收手机，他就站在楼顶要往下跳，或者掐着妈妈脖子让她去死。在这种痛苦之中，妈妈才30多岁，已然白头。

我还记得妈妈第一次带孩子来见我，孩子瘫在椅子上拒绝沟通，我努力了三个多小时，孩子才跟我说第一句话，后来花了五六次的会面才逐渐打开这个孩子的内在。

孩子的确沉迷手机了，他自己会控制不住要玩，只要停下来他就心慌、难受、气短。我们跟妈妈交流之后，说服了孩子试试看一起来管控手机并学习一些别的兴趣爱好。

刚开始，孩子会显得格外痛苦，但是我每天都会给他很多的鼓励和认可，逐渐地孩子也就适应了在家里玩两个小时，在我们这边玩两个小时，其他时间都逐渐做一些别的兴趣爱好。

在第一次我们将时间从 2 小时变更到 1.5 小时的时候，孩子大发雷霆，砸了老师办公室的所有东西，我赶忙跑回去，看见两位女老师被吓得瑟瑟发抖，他怒目而视、青筋暴起。

我将他拉到我办公室，他开始砸我的东西，我就拿了一本书坐在座位上等他发泄，砸完所有的东西，他瞪着我，眼神里闪烁着怨恨，咬牙切齿，可是眼泪却像断线了的珠子落下来。

他哭了整整两个半小时，才收住眼泪说，"那就按照你说的做"。我放下书，"好，那今天这个？""我去跟老师们道歉，我去收东西"。

他还是打开门去协助老师们收了东西，再回来收我的东西。趁他上电影观赏课程的时候，我去给他买了他最爱的一种饮料，买了两颗糖，等他下课，笑眯眯地给他递到手上。

"你能发脾气，我其实挺高兴的，下回别砸了，你就冲我吼或者哭都可以。"

他尴尬地挠挠头，我轻轻拍了拍他的背以示我知道了。

后来一年多，孩子恢复了正常作息，回归了学校。这么多年过去了，每一年过年我都还会收到孩子的过年问候。

有时候，沉迷手机游戏是一个表象，并不是真正的原因，一如案例中的这个孩子，他为什么会发展成这样，我会在这一章之中细细为大家分析，也协助大家找一些手机管理的方法。

## ◆ 孩子沉迷手机，家长怎么办

绝大部分的家长看到孩子拿手机，就会急得团团转，如热锅上的蚂蚁，难受又不舒服，总是焦虑孩子会沉迷，没办法回归正常的学习生涯。

我经常接到的咨询是："你看看他，总是抱着手机不放，也不看看还有多久就考试了，他这样我可怎么办？"

"手机对他的危害很大，你看他最近的学习成绩一落千丈，难道他自己都不知道反思的吗？"

"每天都是手机手机，好像除了手机他没别的事情可做了似的，我也不知道他自己把学习放在哪里。"

你看，大家的提问中，基本都会把学习放在比手机更为重要的位置，往往这样，孩子们就会更加沉迷。

有个孩子，只要把手机给他收走，他就心慌，不停地跟妈妈谈把手机还给他，他的耐心十分好，可以磨一天、两天、三天，直到妈妈心软，把手机给他。

跟我认识之后，他提出一个条件说，想自己管，我说"可以，如果给了你，你管不住，那么我们就要爸爸妈妈按照时间段来管"。他答应得特别爽快，大家也知道他肯定做不到，但是依旧让他自己管理试试看。

在他管理了三周之后，我们提出要回收，他一句话都没办法说，除了睡觉就是看手机，甚至因为要看手机而变得不分白天和夜晚。

后来他用自己的压岁钱去悄悄买了个手机，被发现没收之后，又把哥哥的二手手机拿去刷机，他想了很多种办法得到手机。这类型的孩子，我都建议家长必须管，没得商量，哪怕面对孩子，我依旧会这么说，因为手机影响了他的日常生活，那么手机已经不再是工具，是他沉迷的原因之一，我们就需要通过管理来降低手机对他的影响力。

大家可以看那些沉迷手机的孩子，他们的神情和动作，拿着手机的时候会浑身发抖，这种成瘾的状态，只要父母愿意管理，那么就一定里有效果的。

有个孩子，有天大半夜跟爸爸打架，我们上门的时候，看见孩子的脸上好几个血痕，再看看爸爸，完好无损，我把爸爸妈妈请下楼之后，赶紧给孩子上药，边问怎么回事。

孩子跟我描述他拿着手机在正常做事情，可是爸爸回来就说他又在玩手机，他不过是跟爸爸拌了几句嘴，说并不是他看到的那样，爸爸就动手了，他也想还手，奈何自己力气不够。

后来爸爸跟我说,"曾老师,对不起"。我说,"你跟我道歉干什么,你应该跟孩子道歉"。

手机,并不是孩子们的所有,但是父母总是会"逮"着孩子去验证自己的想法是对的,"逮"得越多,也就会发现得越多,彼此之间的矛盾点就会更多。

有孩子曾经跟我说,"我之所以这样使用手机,争分夺秒地,还是因为他们从来就没有给过我自主管理的权利和时间,所以我总是担心下一秒他们又把手机给我收走"。

我常常描述,很多父母自己是矛盾的,一方面又要给孩子手机,另一方面又不信任孩子能用好手机,于是这种不信任和拉扯,让孩子更加沉迷手机,更加好奇手机。

有一次讲座,有位父亲站起来跟我提问,"曾老师,我们家孩子就是在手机上没有自理能力"

我问他,"他的没有自理能力表现在哪些方面?他作业会完成吗?他自己的事情会自己做吗?"。

"他这些都会做,但是我只要把手机给他,有时候叫他就像没听见一样的,很是沉迷,我很担心他这样下去会持续在手机上无法自拔。"

"您看,手机是您给他的,但是要收也是您收的,判断也是您判断的。如果我是您,跟孩子坐下来摊开了手机的问题,并且一起找到手机管理的办法，只要说了就要管，管的时候有个 20 分钟左右的松动时间。"

为什么我会提到 20 分钟左右的松动时间呢？曾经有位妈妈也是，跟孩子商量每周回来玩 2 小时手机，到时间之后，妈妈就顺手抽走了孩子的手机，也不管孩子说什么，脑海中只记得要按时收。

好家伙，这孩子刚跟好朋友们约了开一把"王者"，在手机被抽走之后，结果"团灭"，朋友们第二天围着孩子说了好久，后来就很少找他组团，怕掉分。

所以，我们也要清楚地知道，如果孩子当下的确跟朋友们约了开一局游戏，我们是可以允许有一些松动时间的，只有一次松动，而不是不断地松动，这也是父母执行的过程中需要注意的地方。

有个孩子休学没有去学校，刚开始父母把家里所有的网络都断了，不给手机，也不让看电视，就任凭他在家里，结果孩子躺了一整年都没有踏出自己的房门一步，父母才发现哪怕是把手机收掉，也并不影响孩子的状态。

他们在我的指导下把手机重新交给孩子，孩子玩儿了一段时间之后，依旧不想再玩手机，感受的依旧是迷茫，这时候孩子才愿意见我。

第一次跟孩子交流，因为他开始有了自己想要调整的意愿，我们就从他的幼儿时期聊到高中阶段，说到幼儿时期，自己有一次回家被打是因为老师告状，说他上课不认真。

那一节课，老师给每个小朋友发了两颗糖果，让他们把小手背到背后，下课才能吃，因为他在幼儿园总是被几个男孩子欺负，所以一节课都在盯着自己的糖果。

所以，有时候，我们没有听孩子说，是错过了多么重要的信息，那时候开始他就不喜欢上学，觉得上学好难，要天天学习，还要按照大家的要求来，听话照做。

我常说，手机并不是孩子们缺乏学习动力的原因，就像我在写到内驱力的那一章节的时候，**关于手机，其实只是孩子逃避现实的方式之一**，那父母看见孩子玩手机，应该带着什么样的心态？

首先，如果孩子有其他的兴趣爱好可以替代手机，孩子觉得有没有手机都无所谓，那么，咱们不主动提及要把手机给孩子。

其次，孩子已然接触了手机，再说完全不给碰，这种反弹有时候反而有点大，我们可以商量使用的时间，父母在管理的时候，说到做到，但是不能随时用手机去威胁孩子的学习和应该完成的生活事项。

最后，给孩子以信任，让他自己管理一段时间，如果孩子并没能管理得很好，那么再来谈收回和约定手机的管理条件，毕竟自己做不好，可以有父母来协助。

> 小贴士：孩子们沉迷手机，最重要的是父母放平自己的心态，不能看着孩子拿着手机就焦虑得如热锅上的蚂蚁，孩子所能管理的，是自主管理之后才能知晓做不做得到，而不是还没有开始管，就笃定他做不到。

## ◆ 手机里到底有什么，让孩子无法自拔

我采访过1000个孩子，从他们的回答中，我们一起来看看孩子们为什么会玩手机？手机里吸引他们的有什么？从而我也给大家讲一讲从我们一线的实战中总结出来的经验。

我的一个问题：你拿着手机干啥？

孩子们的回答：

①刷短视频。搞笑的，或者科普的，或者做美食的，就是用来打发时间。

②打游戏。王者荣耀、吃鸡、第五人格、原神、光遇、我的世界、猫和老鼠、蛋仔派对……跟同学一起组团打，或者是因为没有朋友了，所以在网络上寻找。

③追星。看我喜欢的爱豆的视频。

④扒舞蹈和妆容。喜欢扒男团女团的舞蹈，自己跳，或者看别人是怎么化妆的，自己学。

⑤拍照。喜欢拍各种的动物、植物和人物。

⑥聊天。跟好朋友聊天，跟网友聊天。

⑦蹲周边。按时定点蹲自己喜欢的周边。

⑧追剧，看小说。

我的第二个问题：那你觉得玩手机会腻吗？

孩子们的回答：

①当然，玩着玩着就觉得没有什么意义。

②也不一定吧，如果有新的玩的，也不会腻。

③在我爸妈不懂我时候，我除了手机什么都没有，当他们开始理解我、包容我，好像人生也能找到别的意义，所以手机就可有可无了。

④无聊死了，我只是不想学习而已，所以玩手机。

我的第三个问题：你玩游戏的时候，是什么样的心情？

孩子们的回答比较统一：刚开始觉得激动，能闯关和赢，也能激动和开心，但是输了就会觉得愤怒，长时间输就不玩儿了。

我的第四个问题：为什么会喜欢上手机？

孩子们的回答：

①跟他们对抗吧，总是让我学习，我觉得人生除了学习还有其他很多事情可以做，为什么只有学习？

②手机里的世界，可能都看不到谁是谁，想说什么话也没有太多的限制，有时候表现出两个我，一个现实中的我，一个外界不懂的我。

③能交一些朋友，比在现实世界中的朋友好，他们会听我倾诉，不会评价我，而且不担心自己的秘密被别人爆料。

④觉得生活没有意义吧，所以手机拿来打发时间。

⑤有时候一个人待着，觉得很孤独，手机拿来打发时间，很快就过去了。

⑥我喜欢看大家对很多事情的评价，学习怎么说话，有时候在现实中我总是觉得自己懦弱，明明想吵架，可是一开口就哭，所以多训练自己几次。

大家其实可以从孩子们的回答中看出来一些问题所在，而这些回答多且又类似，我才给大家总结在这里，还有一些五花八门小众的不具太多参考力的,我就不一一列举了。

从以上的部分,我们可以看见孩子喜欢玩手机,原因在这些方面:

(1)没有学习成就感,没有学习动力。在孩子们的世界中,学习是孩子们的首要任务,但凡自己在学习上找不到成就感,就容易开始转移注意力,这时候如果手机游戏能给他及时的成就感和反馈,甚至于跟别人聊游戏能被邀请带他们打,这种前所未有的成就感会让孩子沉迷在手机上,并且想做出一些成绩来。

(2)逃避现实世界的人际关系。孩子在现实世界中没有朋友,就一定会选择别的方式交朋友,毕竟对于青春期孩子来说,有朋友能够说话和交流非常重要。

(3)与父母对抗。但凡父母一直以学习为重,并且总是在学习上挑刺,从孩子接触手机开始,父母一直念叨手机的不好,要没收或者要管理,那么孩子就会开始用对抗来处理。如果,他发脾气就可以得到手机,那么孩子就会持续用暴脾气来得到手机。

(4)遇到了心理问题。当孩子觉得人生无意义的时候,他会尝试着寻找生命的意义,手机里寻找好像更加便捷,比如,孩子们会自己在网络上做量表,查心理疾病的成因和康复办法，或者自己去在线寻诊，再加一些科普心理疾病的博主。所以，有时候我们在面对孩子的时候，他们可能了解了一大堆专业知识，只是他不知道这些知识会给自己带来一些偏差。

（5）就是想"躺平"。孩子出现这种情况的原因是多种的，学习成就感、与父母的关系、自己寻找生命的意义、父母处理的方式等方面都有，在这种强烈想"躺平"的愿望之下，孩子会用手机来找乐趣，看视频和小说来打发时间，就是想让自己什么都不想。

（6）沉迷手机。这个原因很大概率是孩子之前接触得太少，当他发现手机这么好玩，在游戏中有成就感，还可以随意表达自我，那么孩子就会沉迷在手机里无法自拔。

就像我开篇案例中的那个孩子，他为什么会沉迷，因为妈妈每天都盯着他的学习，一道题不对就会打骂，孩子找不到自己的成就感不说，随时都还需要完成妈妈布置的作业，别的孩子在玩耍，他在做作业，别的孩子在旅行，他在做作业。

妈妈给他的要求很高，必须保持班级前三，但凡掉出前三，那么就会得到更多的作业。后来，我让妈妈试试看去做自己，不要把所有的目光盯在孩子身上。

当妈妈第一次尝试着走出去，学习插花，被老师表扬之后，她开始意识到，她其实这么多年都没有认真地表扬过孩子，她像个孩子一样跟我分享她的快乐和收获。

这时候，我告诉她，**你只有做自己，孩子才能做自己。**

我们会发现，孩子爱玩手机，是有本质上的区别的，每个孩子不一样，用的方法也会不一样。例如，都是沉迷，有的孩子适合强制性管理一段时间；有的孩子需要让他玩儿个够；有的孩子需要"先软后硬"式的管理。这些方法我们会在接下来的小节中讲到。

> 小贴士：找原因，一定是大家懂得青春期孩子的第一步，因为原因中往往也藏着我们的修复关系或者解决问题的答案。沉迷手机，是表现，并不是根源，找到根源，才能从行为上开始做出调整。

## ◆ 消除"他控",才有"自控"

我们很多父母为了管控孩子的手机,已经比福尔摩斯还要厉害,孩子会把手机藏哪里,孩子在手机上做些什么,孩子浏览了哪些信息,孩子跟网络上朋友的聊天内容……他们事无巨细地做着孩子生命里的"奸细"。

但往往事与愿违,父母这样的管理方式并没有让孩子们学会管理手机。我每一次做父母讲座的时候,我会问大家,"曾老师把大家的手机收走3小时你们愿意吗",大家纷纷举手,说愿意。

"曾老师把大家的手机收走一天,大家愿意吗?"这时候举起的手少了10%。

"曾老师把大家的手机收走3天,大家愿意吗?"这时候举起的手,剩下了10%。

"曾老师把大家的手机收走一个星期,大家愿意吗?"举手的人在几百人中,一只手都可以数出来。

很多人会告诉我,"曾老师,我们要用手机联系客户啊,我们要用手机工作"。这就像孩子常常跟父母说,"我要在手机上打卡作业、我要在手机上查找资料"是一个道理,拿着手机,真正工作的时间和看手机的时间到底是多少?

我在上一堂父母课的时候,我辅导的一个家庭,孩子跟爸爸妈妈一起来听,在聊到手机这个板块,我问大家对于手机管理的看法,大家都表达,必须管,只是经常因为手机发生冲突,有时候也挺矛盾的。

我这个孩子自告奋勇地站起来说,"曾老师好,各位叔叔阿姨好,我以前也很爱手机,甚至因为手机跟我爸爸妈妈经常吵架,还会因为手机跟他们发生摩擦,后来,他们在曾老师的引导之下开始接纳我、懂我、理解我,我才发现,我的人生那么长,我可以不用把自己的时间全部花在手机上,我自己卸载了游戏,现在回归了学校。所以,我想跟各位叔叔阿姨说,孩子想玩手机,你们一定可以看看是什么原因,我们都渴望被大家理解"。

家长们如雷鸣般的掌声,妈妈泪流满面,我笑着泛着泪花说,"哎哟,我的乖乖,你要注意哈,待会儿这群叔叔阿姨把你抱回家了"。

是的,我一直提倡各位爸爸妈妈,我们要学会引导孩子自律,而不是始终在问题之中跟孩子拉扯,他们没有自律就永远只有"他律",而"他律"跟不了他们一辈子。就像很多大学的孩子"躺平"玩手机是一个道理,当"他律"到了一定的阶段,他决定开始放飞自我,那时候,孩子可能已经不在我们身边,你不知道他发展得怎么样,在如何规划自己的人生。

而引导孩子自律的方法是多样化的,我们可以先从孩子的学习、生活、兴趣爱好、朋友关系等几个维度来看待。

**首先,是他的学习。** 如果孩子能完成他的学习计划,那么孩子的自律性相对是很好的,我们就不要在手机上让他觉得我们从来不信任他,长期的情绪拉扯会让孩子在手机上反而沉迷。

就像我在开篇给大家讲到的一个游戏一样的,"不要想红色的大象"。人的大脑会不自觉被"不要"给强化,所以大家不用去给孩子强化,而是尝试着让他自己管理,如果学习状态变得有所下降,这时候再来跟孩子聊管理会更好。

**其次,是他的生活。** 我们可以从孩子们对于生活热爱的态度中来看待他的手机,如果他很喜欢生活,他并不会把所有的时间花在手机上,而是会有别的事情做,看电影、跑步、运动、约着同学出去玩。

一个孩子,对生活完全没有任何热情,他除了在手机上,好像也找不到更多的事情能够做,这也是丧失了对生活的热情。

**再次，是他的兴趣爱好。** 我经常给大家说，有兴趣爱好的孩子，不容易走向心理疾病，如果他没有兴趣爱好，才更容易觉得人生没有意义。当然，如果他的兴趣爱好是不被父母接纳的，他也会在手机、兴趣爱好、学习之间反复拉扯。

我们有些父母非常"极端"，认为孩子这个年龄段除了学习不应该有任何其他的兴趣爱好。我们很多孩子进入青春期就会跟我说，他自己的兴趣爱好都已经被磨平了。

**最后，是他的人际关系。** 孩子的朋友圈子到底喜欢做什么，这是同频相吸的结果，有些孩子就是喜欢组团玩游戏，如果父母期待他变得自律，得从孩子的人际关系出发，引导孩子们一起多出去玩，一起聚会，哪怕他们聚会在一起也是玩游戏，也会比他在家里跟同学们一起玩更好。

为了维系朋友关系，孩子可以花时间在手机上，通过他一段时间的管理，让他思考朋友之间的关系还可以有哪些方式来维系，怎样可以相对自律。

孩子们常说，他们都没有给我机会让我自我管理，他们怎么知道我就不能自己管好呢？如果我实在是没有管理好，这时候他们跟我来谈管理的问题，我是不是会很快接纳？

我往往会被孩子们精辟的话语说得哑口无言，绝大部分的时候，我看到的是，孩子们的表达是没有问题的，只是父母不放过自己,也不放过孩子罢了,越管越没有亲子关系,越没有亲子关系越想管,最后一家人就进入乌烟瘴气的旋涡中。

"曾老师,在孩子玩手机这个问题上,我分享一件事给各位父母,我曾经也管我儿子的手机,每周五回来给他,周天返校就还给我。后来有一次,我听见他的包里在振动,他灰溜溜交出来告诉我,这是用自己的压岁钱买的。过了一段时间又有一次,他包里又在响,他告诉我是同学们一起众筹的,这周轮到他玩儿。通过这件事,我发现,我们做父母的越是在这方面管得死死的,孩子好像越容易想方设法得到。"

这是一位家长在我一次讲座的时候表达的话,他从那儿之后跟孩子"约法三章":第一是学习成绩不能忽上忽下,起伏很大。第二是不会每天只待在家里看着手机。第三是不会因为手机而学习很多脏话和坏习惯。之后,他就将手机完全交给孩子管理。

结果,孩子并没有他想象得那么糟糕,自己也能很好地对手机做好管理。

我们成年人,是否也能将手机管理好,也能做到自律呢?我接到很多成年人的反馈,如果自己离开了手机,心里是空落落的,如果一天看不到,就跟丢了魂一样。

那么,在这种大环境之下,我们强势地严苛管理手机,真的能带给孩子们更好的自律吗？我期待所有的父母在读到这里的时候，给自己一点时间，在心里回答这句话。

> 小贴士：自律和他律之间，我们唯愿绝大部分孩子是自律的，而不是通过大家不停的敲打，发生冲突来完成自律。当然，边界和底线也是要有的，但凡孩子们的自律变得没有底线和边界，作为父母，依旧要行使自己的管理权，给足孩子"他律"。

## ◆ 正常使用、过度使用、成瘾状态之间有界限

"你觉得自己要在手机上花多久的时间让自己重新振作？"孩子盯着我，眼睛里没有任何光亮，"不知道，我只知道如果目前没有它，我大概不知道怎么活着"。

很多父母会把孩子这句话当作是得到手机的威胁，但是我从来不会放弃 1% 的可能性，哪怕是个威胁。

后来，我协助孩子与父母协商，让他自己拿着手机吧，他也正式开始了每天拿着手机不放的日子，不分白天黑夜，也不好好吃饭。父母看见孩子满是伤痕的手，敢怒不敢言，忍耐，忍耐，忍耐。直到有一天，爆发。

爆发的时候，来自父母的语言是，"都是曾老师，才让你得到了手机自由，你看看，你成什么样子"。

孩子在那一刻大哭着往外冲，他爸爸瞬间反应过来去拉着孩子的大腿，妈妈浑身发抖跟在后面，撕心裂肺地哭，爸爸让她给我打电话，他怕他们处理不好孩子的情绪。

孩子无声地看着父母，没有任何一句话，那种眼神让父

母感受到的是愤怒、委屈、伤心、失望，妈妈看到激动的孩子和抱着他的爸爸，才后知后觉感受到害怕，颤抖着手给我打了电话。

我到的时候，孩子已经没有刚才的激动情绪，却一直在无声地流泪。

我一趟跑过去，抱住孩子，"没关系，如果爸爸妈妈让你失望了，曾老师愿意收下你这个孩子，以后给我做孩子也行"。

孩子没有料到，我会这样跟他说，事后他给我说，如果我是劝他，如果我是给他讲道理，他可能会选择另一条路。

"你不是说，他们会变吗？哈哈哈哈，你看看，这就是他们可怖的嘴脸，他们这辈子都不会改变的，他们只是在忍，我让他们丢脸了，我没让他们有炫耀的资本了，我在他们眼中就是一坨狗屎。"

"儿子，妈妈不是你想的那样，妈妈很爱你的。"

我抱着他，"好，我知道，乖乖，但是我看到的是你很好，你善良，从来不会去攻击别人；你勇敢，你自己在坚持熬过最难熬的日子；你真诚，你每一次跟我见面都会给我准备小礼物。乖乖，你那么好，他们只是还没找到更好的方式来爱你，他们第一次做父母，可能他们需要很久的时间，但是曾老师也爱你，你不是不被爱的孩子"。

他爸爸红着眼，不敢松开拉着孩子的手，"孩子啊……"的吼着，在这种撕心裂肺中，狠狠地哭了出来，我就那么抱着他，一直抱着。

"没关系，我会批评他们的，我们不用自己来惩罚他们，况且他们拉着你也是为了你的安全着想，放心，他们不敢再那样骂你了。"

"我很爱你，你值得被全世界爱，哪怕现在寻找不到，也不代表以后没有。"

我只重复这两句话，当我感受到他身体松懈下来，我才让爸爸轻轻放开他，孩子紧紧捏住我的手，一直大声地哭。

妈妈想过来，却又不敢过来，我一方面又心疼，另一方面又恨铁不成钢。

后来，孩子平静下来之后，我跟他聊了很久，关于他这段时间的状态以及父母的状态，当我安抚好孩子，让他睡下之后，我面对那个嗓子都哭哑了的妈妈，并没有责怪。

"为人父母不易，为人子女也并不易，我们何苦为难孩子，为难自己到这个境地，如果他今天晚上真的爸爸没有反应那么快拉住他，那么，玩手机，又当如何呢？我为什么让你们给他，因为我看到，如果再没有个东西转移他的注意力，他会觉得生活没有任何值得珍惜的点。"

我给他们讲我弟弟那会儿，我们都认为他沉迷游戏，刚开始忍耐，后来也会爆发，每次爆发他就会离家出走，半年一年都找不到人，你以为我们做家人的很痛苦，可是根本不知道他更痛苦，有一次他从成都走到重庆，脚底全是血泡。还有一次因为尿路结石太痛不得不给我打电话，我给他找车接他来省医院，当他揭卜口罩的那一刻，胡子有10厘米深，像个野人一样，我在厕所里号啕大哭。

在这些经历中，我告诉自己，只要他还在，我们很爱他，不放弃他，他一定可以好的。所以，在我这里，手机对孩子们来说，无论沉迷或者不沉迷都是他们的工具，并不是他们的一切。

从那一次之后，父母真的开始关心和爱孩子，接纳他拿着手机不分白天黑夜地玩，可能孩子想跑出家门再也不回家的模样在他们的脑海中太过于深刻，加之我时刻提醒他们，去看到那个属于他们的孩子，看到他的优点，看到他的好。

妈妈从那时候开始写孩子的优点，每天3个，坚持了半年孩子才跟她说话，在这一刻她哭得像个孩子。

她告诉我，写优点的这半年，她才发现以前对孩子是多么不好，从来没有认可过他，总是觉得孩子满身都是问题，满眼都是孩子的"毛病",当自己的思路转换了之后,发现孩子曾经是很优秀的,只是她一直给孩子的要求太高了。

> 小贴士:正常使用、过度使用和沉迷使用之间的边界往往是父母给孩子单独下的定义,却缺少了问孩子认为自己使用的频率如何。真正的边界是,孩子对于自己生命意义的定义,如果孩子在青春期的时候找不到自己的目标、方向和意义,那就算是他这样浑浑噩噩地上了大学,依旧会回到这个阶段,开始找寻自己的生命意义,也许父母认为的蹉跎,会发生得更久、更久罢了。

## ◆ 父母"到位",手机才能"退位"

有时候,我去讲座的时候,孩子会跟父母一同在场,当我讲到关于孩子们的想法时,孩子们看一眼父母,对我报以感激的目光,也会在讲座结束后,会有孩子专程来要我的电话号码给自己的父母,我都会笑着交给孩子。

我也常问,"为啥要把我的联系方式给爸爸妈妈呀"。

孩子说,"想他们更懂我吧,谢谢曾老师"。

我常说,感恩的心,孩子们是常有的,很多父母都做不到像孩子一样感激我们给他们的关爱和关心,所以父母在这一点来说,是应当向孩子"低头"的。

当孩子们向我描述一个父母自己都不"认识"的自己时,绝大部分的父母会认为自己并不像孩子说得那样"糟糕"。可是随着辅导进程的推进,孩子描述自己的成长事件,父母才开始"羞红了脸"。

"我自己的孩子,我可以说,但是任何人都不可以说。"这大概是很多父母的"信条"。对于孩子来说,其实往往也是,"我自己的父母,我可以说,但是任何人都不可以说"。这种护短，大都是有的。

所以，在处理家庭关系问题的时候，我会看见孩子身上延续了很多父母的性格因子，既然这样，我们又何苦跟不同时空的"自己"过不去呢。

很多青春期孩子的父母问我，我们怎么才算是在青春期孩子的心目中到位呢？

（1）更愿意懂他们。我们为人父母的，可以跟不上孩子的步伐，也可以读不懂孩子们的时代，但是我们一定要有意愿去走进他们和读懂他们。

（2）更愿意倾听他们。青春期孩子的倾诉愿望比其他任何时候都来得强烈，如果他不愿意说话了，那一定是沟通渠道不够了，当他愿意倾诉的时候，我们一定做一个合格的观众。看着他的眼睛，给他语言上的肯定，谢谢他愿意跟我们表达这么多，不打断他，耐心地跟孩子待在当下，哪怕观点是错误的，只要不涉及家庭生活底线、不涉及安全底线、不涉及道德底线、不涉及法律法规底线，我们都可以允许孩子去尝试，让他在尝试中成长，大不了就是父母给他做好后盾。

（3）更愿意了解他们的世界。我们更愿意加入到孩子的兴趣爱好之中，就算刚开始陪孩子们打游戏是很菜的，但是孩子看见你愿意为了他改变和努力走进他的世界，他也会成为一个很好的教练来教你。

（4）更愿意站在他的角度。以前我们站在家长的角度，都不能解决问题，那从现在开始尝试着站在孩子的角度，青春期的孩子，一定有自己的想法，他也更希望自己的想法被看见和认可，遇到问题的时候，父母如果能站在自己这边，他会十分窃喜。

（5）更愿意给他时间等待。对于青春期的孩子们来说，每个人都会遇到迷茫期，这个迷茫期有的长、有的短，当我们的孩子因为前面写到的所有原因遇到了迷茫期，我们就要耐下心来，认真地等待，耐心地等着孩子度过自己最艰难的这段时间，去找到自己的生命意义。

（6）更愿意表达对他的爱。青春期的孩子常常会怀疑父母够不够爱自己，但是很多父母都会在我这里表达自己很爱孩子，我常说，"你们不要总是表达给我听，我就算传达得很完美，用了很多修辞手法和形容词，也不及你简单地给孩子说一句，'孩子，我爱你'"。青春期孩子如果在追逐自己的爱时，感受到的是匮乏，未来他要用很长一段时间来寻找自己的爱。

（7）更愿意接纳他的一切。青春期的孩子，有时候会交到一些在父母看来不太理想的朋友，如果父母不够接纳，他并不会去思考朋友之间真正的相处是什么，如果父母愿意接纳，他也会逐渐看见彼此是不是能走很长久的朋友。除了朋友，孩子们还有奇奇怪怪的爱好，这些爱好只要不违反底线，父母接纳了，也许孩子会走出一条不一样的人生路径来。

（8）更愿意信任他。青春期的孩子，往往希望父母能信任自己，特别是对待手机，如果大家表达更多的是不信任，孩子的情绪只会一天比一天大，有一天爆发的时候，伤人伤己。所以，给孩子报以信任，让他试试看，提前说好，如果自己管理不到位，父母还是会协助的。这样，孩子就会知道父母对自己是信任的，管不住自己的时候，也愿意让父母协助自己管理。

这是在父母与孩子相处上的"到位"，在平时的生活中，大家还需要陪伴，这种陪伴不管是小时候还是青春期的时候，都应当是有效的。

"小时候，我认为手机是爸爸妈妈的孩子，当我需要他们跟我聊天的时候，他们在看手机，当我需要他们陪我玩儿的时候，他们在看手机，当我需要他们陪我出去走一走的时候，他们在看手机，觉得我很吵的时候，给我一部手机让我自己玩儿，等到我长大了，他们又觉得是手机耽误了我。"

这段话，是《少年说》里有个孩子的原话，所以我常觉得孩子们是比我们父母通透的，他们看到了手机的本质，有时候孩子喜欢手机，并不是孩子本身的问题，而是来自于父母们自己长期养成的习惯。

> 小贴士：父母最好的"到位"就是读懂青春期孩子。
>
> 在本章中，我给大家最多的信息就是——手机，对孩子们而言，无论多少岁，手机都只是工具，有时候是父母赋予了手机太多的定义，认为是对孩子的管控出现了问题，才真正成为了问题。

[第七章]

生命教育：与孩子一起发现生命中的美好

因为长期做青少年工作，所以我会关注青少年的生命教育，大数据可能也读懂了我的阅读习惯，只要发生有青少年的事故，我总能第一时间收到信息。

自从 2013 年进入教育行业，我就养成了一个习惯，晚上一定不会关闭自己的手机，这么多年，我总会在半夜里接到孩子们哭得撕心裂肺的电话，每一次挂上电话，我总会庆幸，太好了，他只要还能在我这里倾诉和哭泣，就代表他又找到了好好生活的勇气。

当我们自己经历过那样的时间段，我就常常想，如果在弟弟小学时候被欺凌的时候，我们能懂他，也许他后来不会抑郁；如果在弟弟初中厌学的时候，我们能懂他，也许后来他不会抑郁。

人嘛，往往就是会对未发生过的"另一条路"充满了期待，所以我总喜欢给大家讲，预防大于治疗，我们要看到生命的本质，能陪伴这个生命绽放，那么生命会回报给我们的，往往都是满满的惊喜。

在这一章中，我会跟大家讲讲生命，这一堂课，也是父母必须要讲给孩子听的课，只要我们的生命一直都在，一切都来得及。

当读完这一章，我们这本书也就走向了结尾，相信大家在书中看到案例中有很多自己家庭的影子，我们不能等到孩子出现"问题"才想着去读懂青春期孩子，当你能够把青春期孩子的这七大维度都读明白、读通透，那么你将拥有一个你爱着的，也爱着你的孩子，让我们共同携手，绽放生命！

## ◆ 生命的意义是活出来的

父母给孩子讲生命的意义往往是：你看，活着挺好的啊，为什么那么想不通呢？

当孩子问到我们，死亡是什么的时候，大家总是含糊其辞，后来会被孩子教育，死亡就是这个世界上不存在于这个生命了，但是不代表这个人消失了，如果有一天记得这个人的所有人都不在了，可能生命就真的消失了。

这大概是我从孩子们那里了解到的生命最好的含义吧。

"你们曾经想过死没有？"这是有一次我给孩子们上的生命教育课堂上问的话题。

台下青春期的孩子一共200多个，有95%的孩子举起了手，在这样的举手中，我一方面很震撼，另一方面又无比心疼。

"谢谢你们愿意在这里表达自己的真实想法，有哪位同学愿意跟曾老师说说在什么情况之下想到了死啊？"

有个孩子活泼开朗，阳光大气地举起手，一直嘴里大声地说，"我，我，我！"。

他站起来，"有一次，我爸爸不停地骂我，我就想，你要是再骂我，我就跳下去"。

"然后呢？"我微笑着，安静地看着孩子问。

"然后，他继续唠叨不止，我内心很愤怒，我就想，如果你再骂我，我就会从楼上跳下去。"

"然后呢？"孩子看着我微笑的表情。

"然后，他继续停不下来，我就把门一摔，进房间里了，我不想跟他说话，既然他都不累要在那里叨叨个不停，那就让他唠叨吧，我不管他了，我进房间把自己关起来还不好吗？"

孩子们发出了雷鸣般的掌声，捣头如蒜，我问他们，"大家是有同样类似的经历吗？"

孩子们点头又举手，这时候我看见100%的孩子都举起手来。

后来，在学校的生命教育父母课堂上，我表达了这件事和这样的数据，很多父母红了眼眶，他们表达自己的不可思议，自己以为已经做得很好了，没有想到，孩子们还是有同样的感受和想法。

我问过孩子们，在什么情况下觉得生命没有意义，不想活着，孩子们表达说：

（1）被冤枉的时候。当自己在家里被冤枉、在学校被冤枉，只要是自己没有做过的事情，大人不分青红皂白就冤枉自己，会难受到想要不活了。

曾经有位家长也跟我表达，自己小时候有一次被冤枉偷了外婆的钱，这件事，一直是自己心里的一个伤痕，这么多年过去了，外婆也去世很多年了，这种怨恨一直埋藏在自己心里，所以自己很讨厌别人说谎或者不分青红皂白冤枉自己。

（2）一件事情被反复说的时候。明明这件事已经过去很久了，可是在下一个问题上，父母总是会老生常谈，旧事重提，这时候自己的内心是崩溃的，已经告诉他们不要再说了，他们却还要说自己态度不够端正。

（3）被大家孤立的时候。自己被同学孤立了，回家跟父母讲，他们不仅不懂自己，还会觉得都是自己不够好，才会被大家孤立，所以这时候觉得全世界都抛弃了自己，觉得活着真没意思。

（4）被语言暴力的时候。有时候父母和老师说的话很可恶，骂自己没有用，说自己总是让他们很失望，可是他们从来不知道，他们也让我很失望啊，我总是对他们报以期待，久而久之，生活会告诉我，你别期待了，那些人是叫不醒的。

（5）在作业多到做不完的时候。自己做作业的速度总是很慢，可是每科老师布置"一点儿"，加起来就很多，长时间都是在半夜三更做不完作业，做不完第二天就要被点名，爸爸妈妈就要批评自己，在这时候觉得活着真没意思，我上辈子做了什么孽才会在这辈子生而为人。

（6）被当众批评的时候。无论是父母、长辈还是老师，在很多人面前批评自己的时候，觉得好想挖个洞把自己埋了，他们根本感受不到，自己已经用脚趾抠出了"三室一厅"，可是他们还是不留尊严地数落和批评自己，这种情况之下会想，活着真没意思。

很多家长跟我表达，现在的孩子啊，动不动就去死，就跳楼，你说说怎么这么脆弱呢？

我会跟他们说，试试看，把你跟孩子的生命对调一下，看看你有没有孩子们那样做得好。

我接触每一个孩子，我都会感谢他们没有在感受到生命没有意义的时候选择结束自己的生命，我也会告诉他们做得很好，也很强大，换做是我，我一定没有他们做得好。

这并不是对孩子们的恭维，而是发自内心觉得孩子们强大，我们总是用很多大道理来告诉孩子活着的意义，可是父母自己人多时候都没有活明白，活通透，又如何能用自己的生命状态来引导孩子呢。

比如，有一位爸爸遇到问题就酗酒，喝酒之后就打孩子，打完了清醒了又觉得自己对不起孩子，反复跟孩子道歉。后来，他酗酒而亡，他去世之后，孩子一滴眼泪都流不出来，内心反而觉得是很大的解脱。

比如，有一位妈妈长时间被家暴，每一次孩子劝她离婚，远离爸爸的时候，她都会说，没有办法。直到孩子进入青春期，痛苦到随时都崩溃，她开始勇敢，开始跟爱人说"不"，开始起诉离婚，她自由之后，过得比以前艰苦，但是孩子为她撑起了半边天。

比如，有一位妈妈，每天回家对身边的每个人都是抱怨，随时都在骂人，今天看不惯这个，明天看不惯那个，有时候一大堆道理，有时候情绪很稳定，有时候情绪一下子就炸。

比如，有一位爸爸回家就"摆烂"，从来不会协助家人做家务，当家人表达自己的不满时，他的情绪会变得格外暴躁，跳起来把每个人数落一遍。

比如，有一位奶奶，随时都在家里骂人，嘴里的语言还不堪入耳，孩子有时候做错一件事，那就像是犯了天大的罪过，一直叨叨个不停，有些话对孩子的伤害是不可磨灭的。

你看，大家都没有将自己的生命活得绽放和明白，却总是要求孩子在这种高压的环境之下好好活着，说活着就会更好，当孩子看到父母的状态，家庭每个人的状态，反而会觉得未来是不可被期待的，生活也是不美好的。

很多父母在跟我学习家庭教育的时候，会跟我表达："曾老师，你为什么这么通透？"

我说："那时候，我弟弟刚从死亡线上被抢救回来，医生说，这个孩子大概率会瘫痪或者生活不能自理，你们还救吗？我们每个人都说救，那我们选择留下他的生命就应该接纳他任何时候的生命状态。后来有些人在我们努力陪伴弟弟康复的时间段里，知道他经常离家出走，他们会说，你们放弃他嘛，就当他没有来过。这时候，我只想，那不是他们家里的人，所以他们事不关己高高挂起，可是我们是不会放弃最最亲爱的家人的，这时候我读懂了生命的本质，只要人在，一切外物不过是过眼云烟，最终生命绽放，一切外物会主动回到你的身边陪伴你去过美好的生活。"

所以，**生命往往是用活着的状态来影响生命的，而不是讲**

道理，要活在当下、珍惜当下、看到当下，我们才能陪伴孩子一起寻找到生命的本质和意义。

孩子们也会问我，"曾老师，生命的意义到底是什么？"。

我会笑着告诉孩子们，就是我们会在活着的时候，经历起起伏伏，经历生活的艰难，经历人与人之间的心痛和快乐，经历好的生活状态和不好的生活状态，我们没有停下自己的脚步，一直珍惜当下，看见自己、爱自己、读懂自己，那么也许**生命的意义不需要用语言来诠释，而是活出精彩来**。

> 小贴士：生命最好的意义就是活在当下，我们不觉得苦难，孩子就会觉得有家人在身边真美好；我们不抱怨，孩子就会觉得有困难不可怕，可以解决；我们不觉得失望，孩子就会觉得生命总有一天会绽放。

## ◈ 给孩子最好的托举，莫过于热爱生命和陪伴

有一次，我给孩子们上课的时候，给他们看了尼克·胡哲的演讲视频，结束后，我问孩子们，你们怎么看待尼克·胡哲的生命？

孩子们这样表达：

> "他虽然身体残疾，但是他的生命并不残疾，他活出了自己的生命光彩。"
>
> "他脸上的笑容，一定是经历了很多对人生不公的埋怨之后的豁达和释然吧，但是很感染人。"
>
> "他能用他的故事来打动所有人，我想起廖智，她也是用她的生命在诠释，哪怕我们失去了什么，我们依旧会得到生命的意义。"

你看，孩子们的认知往往比家长们更深刻，所以，我喜欢跟孩子们待在一起，在我带领一些家庭咨询师的时候，大家会

问我,"曾老师,你不觉得每天都要接收很多消极和负面的信息,不会精神内耗吗?"。

> "不会,因为孩子们往往很通透,他们对待生命的状态,往往是比大人更通透的,我喜欢和孩子们待在一起,当我让他们的父母更懂他们,那么我们接收到的信息是积极且正面的,他们会感谢我们作为咨询师协助家庭变得更好,都是积极的能量和感谢,又怎么会觉得累呢。况且,有时候父母自己不够清醒的时候,我还会怼人,一定不会让自己的情绪过夜,我们做一个清醒又通透的咨询师,往往也能收获很好的生命能量啊。"

也正是这样的收获和意义寻找,才让更多的咨询师跟我一起奋战在读懂青春期的路上。

那我们作为父母,往往要试着去托举孩子的生命能量,去陪伴孩子成长。

在我生命教育的这堂课里,有时候我们会引导孩子们养一株植物,每一天都去记录植物的成长,就像我们全国小学三年级的孩子都养养蚕宝宝是一个道理,这是引导孩子们看见生命成长的过程。

2014年的时候，我家每周都会有六七个男孩子来住，他们周五自己从学校回来，周天自己返校，我会带领他们给自己种一株植物，我还记得那时候孩子们更爱的是玩泥巴本身，但是随着植物开始发芽，他们也会有很多的感触。

我想让孩子们看见的，不过是生命本身需要呵护，也需要精心照顾，更需要记得这个生命随时需要我们，那么生命就可以绽放。

**对于青春期的孩子，学习不是唯一，哪怕只是让他们养一株植物，每周去观察植物的生长，这也是一种成长。**

我也经常问孩子们，你们觉得生命的意义是什么？

孩子们回答："生命是没有意义的。"

"可能活着活着就找到了吧。"

"不知道，有一天我知道了我再告诉你吧。"

我们就知道，为什么那么多孩子会觉得生命没有意义了，因为我们在托举生命的过程中少了生命教育这堂课。

那时候，孩子们养植物，我也会问他们生命的意义是什么？

"是成长吧。"

"这植物好好活着。"

"阳光和雨露。"

你看，在陪伴成长的过程中，孩子们会开始寻找生命的意义，他们也开始思考，生命是什么。

其实，**孩子们在青春期最需要探讨的话题是，我从哪里来？我要到哪里去？我要做什么？我要成为什么样人？**

有些父母会认为孩子的这种寻找是没有意义的，小小年纪就应该好好学习，对于大家这样的认知，我常说，不用父母的角度去衡量孩子生命的广度和宽度，有时候反而更容易协助孩子们找到生命的意义。

我曾经在上生命教育课程的时候，问孩子们，小时候你们会问爸爸妈妈我们是怎么来的吗？

他们会告诉我：

"我妈妈说，我是捡来的。"

"他们说，我是河里漂来的。"

"我是充话费送的。"

"我还好，妈妈说是她生的，肚子里十月怀胎而来。"

我给父母们上课的时候，他们表达，自己小时候也问过父母，自己是怎么来的？

我记得有一位妈妈曾经跟我说过，她问过妈妈自己怎么来的？妈妈说自己是门口垃圾桶捡来的。直到现在，每一次她回老家，路过那个不知道换了多少个的垃圾桶，总觉得跟它有种莫名的亲切感。

在笑过之后，我们也不得不反思，我们对于生命的回应，并没有引导孩子看到生命的价值、生命的意义、生命的成长和陪伴，所以，有时候协助孩子们看见生命不过是：**用心陪伴成长**。

那如何用心陪伴成长呢？

（1）尊重每一个生命。我记得有个孩子跟我说，她小时候养过一只猫，那只猫老了之后就一直流口水，妈妈觉得太恶心，就丢到河里。这件事在她心里留下了很深的印象，总觉得生命不够被尊重。

（2）和孩子谈生命的意义。生命的意义就是每一件事在父母眼中都能变成成长，遇到事情用解决问题的眼光来看待，解决问题之后引导孩子思考，还有没有更好的方式可以解决以及孩子在这件事中收获了什么，这样会让孩子更加理解生命的意义。

（3）和孩子谈死亡的意义。有个孩子每一次想到奶奶有一天会离开她，就难过得哭到不能自已。我们跟孩子一起画了生命轴，表达我们生命的长度，然后问孩子生离死别在她看来是什么？以此来引导孩子，害怕失去，我们就珍惜每一个陪伴家人的当下，只要你当下做得好，那么有一天失去了，我们会有很多美好的记忆，思念也是生命的意义。

（4）不要用我们的生命意义来衡量孩子们的。很多青春期孩子问我，如果我们注定最后会老去和死去，那我们活着的意义是什么？我曾经就这个问题问过很多父母，他们的回答是："好好活着自然就有了嘛。""每个人意义不一样嘛。"孩子们并不会觉得这些回答是在解答他的疑问和困惑。我会告诉孩子们，"你自己来寻找，不明白的时候也许就是最好的生命意义"。

很多时候，我们不要急着用自己的道理来说服孩子们了解我们眼中的生命意义，意义是我们定义的，如果是我们定义，本来就没有意义，那生命就是一张白纸，你想怎么绘就怎么绘。

> 小贴士：生命的意义是在成长中获得的，我们对每件事的看法、对每段关系的相处、对每个问题的解决、对每句话的回应，都是充满了意义的，只是这些意义，有的积极，有的消极，无论怎样，孩子在成长，就一定是美好的。

## ◆ 孩子扛不住了，家长一定要做这件事

孩子们有时候会跟我表达，生命怎么这么难呢？说到这里，孩子们的眼泪是忍不住地往下掉，这时候，我会等孩子平静之后问他，你觉得难的定义是什么？孩子会从心情和感受的角度出发，我会告诉他们，这只是生命的一部分，而且是很小的一部分。

我常常跟孩子们探讨哲学，他们的思想维度很高，总是会有很多新奇的认知和想法，就像有个孩子跟我形容："我在四维空间，我妈妈在二维空间，我爸爸在一维空间。"我说："那你跟爸爸之间不是隔得很远？""是啊，如果劈叉的话，把腿劈断都到不了。"

在我把我的小说翻出来给孩子看，并且很真诚地握她的手，看着她的眼睛时，她的眼泪才终于没有忍住流下来。

所以，有时候，**当孩子在表达自己的情绪和状态的时候，在崩溃的时候，父母就一定要引起重视了。**

"我真的觉得扛不住了，可是他们带我去见的老师、心理医生都告诉我要看开点，要学会放下，可是我要是看得开、放

得下，我去找他们干嘛？"

"事情发生了就是发生了，曾老师不会劝你放下，因为你已经很难受了，如果连难受都不能表达，又如何被理解呢？"

家长们也的确想关注孩子的生命安全问题，奈何有时候不是很懂孩子们的情绪信号，所以错过了一些时机，毕竟每一次我去授课，问到大家认为孩子的学习重要还是身心健康重要的时候，大家都一致表达身心健康更重要。

当我们的孩子表达自己扛不住了，这件事，所有的父母一定要去做，那就是，**停下来**。

这里的停下来分为两个维度，**一个是父母自己停下来，一个是协助孩子停下来。**

父母停下来从这几个方面来进行。

（1）对孩子的期望值停下来。这种期望值我形容为"欲望"，父母自己对孩子的"欲望"是无限的，就像我常说的，当我们的孩子身体不健康，我们就希望他健康。当我们的孩子身体健康，我们就希望他学习好。当我们的孩子学习好，我们就希望他考第一名。当我们的孩子考第一名，我们就希望他上国内最著名的大学。

这一切的主导者，往往是父母，而不是孩子。所以，我们不要尝试着把孩子培养成学习的机器人，一定要允许孩子扛不住，也要允许孩子在父母的期望值当中停下来。

（2）把工作的繁忙停下来。我们父母如果没有办法做到全体停下来，那就一个人停下来，这里的停下来不是每天守着孩子，而是跟孩子规划一下，可以出去走一走，或者带着孩子去天高地阔的地方旅行、玩耍。

（3）把言语的絮叨停下来。我们要知道，孩子的扛不住，有很大一部分原因还是在家庭，那就是家庭里的人缺少对自己的理解、认可和鼓励。如果大家在这方面让孩子觉得没有自信心了，尝试着停下来所有想念叨的话语，给孩子足够的空间去消化情绪。

而从孩子的角度，我们要协助他在哪些方面停下来呢？

（1）学习停下来。孩子扛不住，有绝大部分的原因是在学习上，因为孩子每天很长的时间段都花费在学习上，协助孩子停一停，带领孩子重新思考和出发，直到孩子知道自己想怎么开始，甚至于孩子重新开始的时候变得畏畏缩缩，我们也可以陪着他慢下来，一点点来。

（2）忙碌的生活停下来。如果孩子长期睡眠不足，那么一定会导致他迟早爆发出扛不住的状态来，那么这时候停下来，孩子可能会整天整天地睡，这种状态下，不要打扰孩子的自我修复过程，让他停下来，直至恢复到正常的作息状态。

（3）一切目前不想做的事情停下来。当父母一方停下来陪伴孩子，那么大家可以带孩子先远离这样的环境，让她安安静静地待一段时间，每天关心孩子的吃喝，关心孩子的开心与快乐，关心孩子每天做什么。如果孩子希望自己在家里待着，不想父母陪伴，那么父母也可以不停下自己的工作，继续在外面忙碌来给孩子空间。

孩子会表达自己扛不住了，一定是对生命的失望到达了极点，大家在这时候陪伴孩子停下来并不是坏事。

但是很多父母会问我，孩子停下来会不会就永远停下来了？我会笃定地告诉他们，如果你们认为是永久，依旧会恢复你们逼迫的模样，如果你们认为是暂时，无论是一年两年还是三年，你们都会接纳。因为我们知道，目前孩子遇到这些问题是用了很多年沉淀成这样的，要让孩子重新找到生命的意义，依旧是需要很多年的。

小贴士：孩子说自己扛不住了，父母也许会劝说孩子："再坚持一下，上了大学就好了。"正是因为这句话，他们的扛不住可能会提前，也可能会"熬"到大学，然后再"好了"。对于生命的思考，当孩子扛不住了，无论是现在还是将来，他都会花时间去停下来思考。早一点，对孩子来说，未来会走得更加笃定；晚一点，对孩子来说，没有大的影响，唯一影响的，不过是父母自己的状态罢了。

## ◆ 每一个生命都值得被看见

孩子们喜欢和我们这群可爱的家庭教育指导老师待在一起，因为从我们身上他们得到了很好的情绪价值，也得到了生命的绽放，在我们这里，孩子们无论做什么，我们都觉得太棒了，孩子们居然会做到。这种诚心的认可和陪伴，也会让孩子们的生命绽放。

就像我写这本书，真是倾尽所有在教大家如何读懂孩子，怎么陪伴孩子成长，但是也不得不说，父母很多时候成不了专业的老师，因为大家"关心则乱"，在面对自己的孩子时，没有那么淡定。

"曾老师，我如果永远都这样摆烂了怎么办？"

"没有关系嘛，大不了以后跟曾老师研究心理学和家庭教育学，毕竟自己曾经遇到过困难的孩子，都有学这两方面的天赋，都会比常人更容易有洞察能力。"

这是很多孩子会跟我提出的问题，那我会从孩子们遇到的问题会成为他们的天赋这个角度去交流。

"曾老师，为什么我经常被朋友利用呢？"

"从曾老师认识你到现在,我看到的是,你内在特别的善良,你对待朋友真诚,而且从来没有想过要去伤害别人。正是因为这份善良,所以他们会从你这里得到很多东西,不真诚的是他们,又不是你,所以这不是你的问题。你会被利用是因为你身上有很多他们拼尽全力都得不到的优点,所以你自己是很有价值的,你很好,所以被利用只是短期的,你自己的绽放和成长才是最棒的。因为你每一次都是逃避了他们,远离了他们,但是一直没有去处理这些问题,所以,你会用你的磁场吸引这类型的人,我们每个人都是,该成长的部分,一个都不会少,不会因为我们逃避或者远离就没有了,下一次,你要勇敢地站出来反抗,怼回去,大声地对他们的利用说不。当你迈出这一步,那么你的成长就来了,你就再也不在乎这样的人怎么对你了。"

当我们的孩子对自己的遭遇表达难受和伤心的时候,我们一定要从孩子的优点和能力来表达,对孩子表达认可,告诉孩子,他本来就很好。在这种被治愈中,孩子有时候就能找到自己的定位。

"曾老师,学习成绩能决定一切吗?"

"不能,这个社会上,有很多人学历不高,但是自己创业能成功,因为他们谦卑,觉得自己不行,就特别会用人。还有的人学历很高，但是他们眼高手低，从来不屑于基础的工作，经常换工作。还有的人大学的时候学的是一个专业，出来工作后，走了另一条专业路径，当自己很想学习的时候，就一定会在这条路上深挖，一样会得到很好的发展。"

当孩子们问到学习的时候，我们会从学习的很多可能性出发，**让孩子看见，学习成绩，这个压垮他的本质问题，是有很多面的。**

我们喜欢看到每一个生命，因为他们每个人都有自己可以绽放的点，走进我们咨询室的很多孩子，迷茫，找不到生命的意义，也看不见自己的优点，自责，认为自己特别糟糕，情绪不稳定。

可是这些依旧是他们的优点，我常跟父母讲，你们要感谢孩子，正是因为他遇到了问题，才促使了整个家庭的成长，才促使你们走进我的咨询室开始整个家庭的成长，这对孩子来说就是最好的意义。

我在前面也讲到过，有时候我会邀请父母一起写孩子的优点，2 分钟内写孩子的 10 个优点。很多父母写得抓耳挠腮，很多父母写得很快，却都是：善良、开朗、有礼貌……

他们很少能通过描述一些事件来表达孩子的优点，也有绝大部分家长会告诉我，孩子没有优点。这时候，我就会"揭竿而起""一个孩子来到我们的生命中,是天生就带满了缺点还是你们对他的不认可,没表扬而带成了满是缺点?"

每个生命都是独立的个体,他们带着自己本来的样子来到我们的生命中,是我们总想让他们成长为我们想要的样子,所以常常把我们的要求凌驾于孩子之上,却忘了去看见那个小小的生命是需要被爱、被认可、被理解的。

每一朵花,都有自己独立的花期,只要我们愿意等待,一定会花开。

> 小贴士:父母有时候会用自己的潜意识去映射孩子们,觉得他们蛮不讲理,用生命威胁自己,可是,他们没看见,那是他自己对于生命的态度,而不是孩子们。看见孩子本来的样子,一定会让这朵花逐渐绽放。
>
> 生命是美好的,也是值得父母托举的,孩子们面对生命的态度也是我们对待他们的态度,也没有人愿意失去自己的生命。所以,我们要学会爱孩子本来的样子,等待花开。

## ◆ 致家长：期待生命绽放

亲爱的家长：

当你安安静静地跟随着曾老师的这本书走向结尾，恭喜你，成长开始了。是的，这是一种恭喜，因为这代表，你在孩子还没有遇到"问题"之前，就已经能够开始保持自己的学习和成长，那你一定可以陪伴孩子度过一个美好的青春期。

在这11年中，我陪伴了很多孩子成长，刚开始要让父母调整自己的方法是不易的，但是只要我不放弃，他们最终一定会看见孩子本来的样子。你不需要被我逼迫着去读懂我们的孩子，是你自己有这份意愿去读懂我们的孩子。

我常常跟大家回顾孩子出现在我们肚子里的那一刻到当下的这段时间，很多妈妈会感动到落泪，她们会告诉我，明明那时候就只是希望小小的那个孩子能健健康康、开开心心长大，是什么时候丢失了我们自己的初心呢？

我说，幸好啊，感谢孩子，让我们从现在开始寻找自己的教育初心，只要我们初心不变，一切就会以健康开心为导向，让孩子在自己的生命中绽放。

陪伴孩子成长，本来就是一个终身课题，哪怕我们七老八十，依旧会为孩子考虑，所以有人说，教育就是一代又一代的"辜负"。但是，我认为，每个孩子来到我们的生命里，都是带着使命的，**他们是为了让我们成为最好的自己，也让他成为最好的自己。**

请在这个当下，给 10 年以后的孩子写一封信吧，留下你的期待，你对他生命绽放的期待，你对自己的期待，看看我们是否能从现在开始，在未来的 10 年中陪伴彼此成长成为更好的自己。

谢谢你打开这本书，尝试着读懂青春期，因此，我们会有一些关于青春期的链接，无论你在天南地北，我们都可以一起探讨和交流。

期待 10 年后，听到大家给我反馈说，自己在这 10 年中，陪伴孩子成长，也让自己成长，让我们一起期待生命绽放！

曾老师
2024 年 2 月
于成都